UN VILLAGE

SAINT-MARTIN-LA-GARENNE

(Seine-et-Oise)

SAINT-MARTIN-LA-GARENNE EN 1897 (d'après une photographie de M. Moussard).

ESSAI HISTORIQUE

UN VILLAGE

SAINT-MARTIN-LA-GARENNE

(Seine-et-Oise)

par

L.-A. GATIN

Officier de l'Instruction publique
Membre de la Commission des Antiquités et des Arts de Seine-et-Oise.

PARIS

ANCIENNE LIBRAIRIE FURNE
SOCIÉTÉ D'ÉDITION ET DE LIBRAIRIE
5, rue Palatine, 5

—

A

LA MÉMOIRE

DE

MA MÈRE

Charlotte-Alexandrine BRETON

NÉE

A

SAINT-MARTIN-LA-GARENNE

AVANT-PROPOS

L'ouvrage que nous offrons au public présente un intérêt incontestable, non pas seulement pour les habitants de Saint-Martin-la-Garenne, mais pour toute personne qui veut avoir une idée exacte de l'existence au village durant les siècles passés. Si quelques détails sont spéciaux à la localité décrite, en revanche, on rencontre à chaque pas des notions générales, des peintures de mœurs vraies pour toute la région. Des légendes, de nombreuses anecdotes lestement contées, égaient le récit et le style simple et clair, ajoutant son charme, en rend la lecture facile et agréable pour tous. De leur côté, les chercheurs trouveront au document qui, à lui seul, constitue le dernier *chapitre de l'ouvrage, une foule d'indications curieuses et intéressantes pour l'histoire de beaucoup de localités. Aussi, nous avons la conviction d'être utiles en appelant l'attention sur une œuvre bonne qui peut servir à l'instruction de la jeunesse et dont la place est marquée dans toutes les bibliothèques scolaires et communales.*

LES ÉDITEURS.

INTRODUCTION

**Qu'est-ce que Saint-Martin-la-Garenne?
Mes collaborateurs.**

Saint - Martin - la - Garenne, commune de
Seine-et-Oise, arrondissement de Mantes,
canton de Limay, est située sur la rive droite
de la Seine, à 66 kilomètres de Paris, 50 de
Versailles, 8 de Mantes et 7 de Limay.

On y compte six groupes d'habitations,
Saint-Martin, Sandrancourt, la Désirée, la
Villeneuve, le Coudray et Herville, ayant
ensemble 475 habitants : 296 à Saint-Martin,
124 à Sandrancourt, 21 à la Désirée, 15 à la
Villeneuve; 13 au Coudray et 6 à Herville (1).

C'est le bureau de Mantes qui assure la dis-

(1) D'après le recensement de 1896.

tribution des lettres, mais c'est par Vétheuil qu'arrivent les télégrammes.

En quittant Mantes pour se rendre à Saint-Martin, il faut traverser la Seine et, une fois à Limay, prendre tout de suite, à gauche, le chemin de grande communication n° 147, ou mieux pour les piétons, suivre le cours du fleuve par le contre-halage. On longe, à droite, le pied d'un coteau à pentes très rapides où des bouquets de bois, des arbres à fruits, des vignes s'étagent jusqu'au sommet que couronne le pittoresque ermitage de Saint-Sauveur ; la vue s'étend au loin vers la gauche où apparaissent Mantes et son élégante collégiale, Gassicourt. la Seine fuyant vers Rosny pour se perdre dans les futaies et la verdure du vieux parc illustré par Sully. Dennemont que l'on n'avait pas soupçonné, tant il est perdu dans la feuillée, est ensuite traversé et suivi d'un site agreste qui rompt brusquement l'aspect souriant du paysage : sa sévérité rend plus pénible encore l'interminable montée le long de laquelle serpente la route poudreuse.

Au sommet, on s'arrête émerveillé et l'on

admire le panorama immense et superbe qui
se déroule sous les yeux et dont la vue ne se
lasse jamais.

Une colline couronnée de bois, portant aux
flancs plusieurs villages (1), s'avance de gauche à droite, s'infléchit puis s'épanouit en une

Mantes.

vaste plaine que la forêt de Moisson couver
de ses rameaux sombres. La Seine se déroule
à l'entour, traçant l'une des boucles nombreuses qu'elle se plaît à former sur sa
route.

En arrière, comme pour livrer bataille au

(1) Rolleboise, Méricourt, Mousseaux.

fleuve, une autre colline, venue du fond presque invisible de l'immense perspective, se déroule et s'approche en grandissant vers la droite. Elle dresse fièrement des roches de craies et de silex qui ont résisté aux eaux diluviennes et dont les formes inattendues et bizarres attestent l'âpreté de la lutte soutenue aux âges géologiques. Leur blancheur éclatante ressort en larges taches sur la pâle verdure du coteau.

Saint-Martin-la-Garenne est à nos pieds et nous embrassons d'un coup d'œil tout son territoire, situé en deçà du fleuve : des bouquets d'arbres, des vignes, des terres aux cultures variées ; le bois de la Garenne à gauche dans la plaine ; la forêt du Chesnay à droite, tout à fait au sommet.

La différence des récoltes et le grand morcellement des héritages (1) donnent au pays l'aspect d'une vaste mosaïque formée de rectangles inégaux ou alternent tous les tons du vert et du bistre.

(1) D'après le plan cadastral de 1825 et les mutations qu'il a subies jusqu'à ce jour, le territoire de Saint-Martin est divisé en 17.716 parcelles ; sa superficie totale étant de 4.145 hectares en cultures et 5 hectares en friches.

Sept chemins vicinaux, d'une longueur totale de 11.074 mètres, dont un peu plus de la moitié est à l'état d'entretien, relient les divers hameaux au chef-lieu de la commune ainsi qu'à Guernes et à Dennemont, villages voisins.

Herville, le Coudray, la Désirée, la Villeneuve semblent s'abandonner à la ruine qui les menace, mais Sandrancourt et Saint-Martin prouvent en s'améliorant qu'ils ont plus de vitalité. Si on y voit des masures délabrées, on y rencontre aussi des maisons bourgeoises nouvellement bâties et coquettes. Saint-Martin fait plus, il se modernise ; il est doté depuis 1880 de bornes-fontaines qui distribuent dans tous les quartiers une excellente eau dont la source, captée au hameau de la Désirée, a un débit de 35 litres à la minute. Le réservoir, d'une capacité de 85 mètres cubes, se trouve à environ un kilomètre et demi du village et a une altitude qui permettrait d'élever l'eau au sommet des plus hautes constructions.

La commune n'a pas de revenus ; elle possède pour toute fortune 3 hectares, 21 ares

50 centiares de terres en 19 pièces éparses sur les côtes. Ce sont des friches acquises par prescription (1) et dont le revenu est nul.

La municipalité doit demander à l'impôt toutes les ressources qu'exigent ses services ; 94 centimes, dont 5 extraordinaires jusqu'en 1902, sont indispensables à cet effet. Le produit de 1 centime est de 62 francs environ.

Le budget, comme celui de toutes les communes, a constamment augmenté depuis le commencement de ce siècle.

Il s'élevait à 1.021 fr. 91 en 1831
— 2.886 56 — 1840
— 5.750 95 — 1860
— 7.898 60 — 1895

Le bureau de bienfaisance possède 419 francs de revenus.

Il y a quelques années, les propriétaires mettaient leur chasse en commun, et abandonnaient pour l'exécution de travaux d'intérêt général les 8 ou 900 francs produits par la location. Un défaut d'entente a fait tomber ce profitable usage.

(1) Inventaire des Archives de la Mairie.

Enfin, Saint-Martin est desservi par un omnibus qui, une ou plusieurs fois par jour, selon la saison, se rend à Mantes et correspond avec les trains de la Compagnie des Chemins de fer de l'Ouest. Des essais, infructueux jusqu'ici, ont eu lieu pour substituer des automobiles aux omnibus à traction animée. L'avenir se chargera de réaliser cette amélioration.

Il était indispensable, pour préparer le lecteur, de donner cette description sommaire du village dont je vais essayer de dire les origines et de retracer l'existence à travers les âges.

Mon intention est de nommer, au cours de cet ouvrage, tous ceux qui ont bien voulu m'aider de leurs avis et des documents qu'ils possèdent, mais je considère comme un devoir, avant toutes choses, de leur exprimer ici ma plus vive reconnaissance et de remercier plus particulièrement :

M. **Hippolyte Desplanches,** cultivateur à Saint-Martin-la-Garenne, qui m'a permis de puiser à pleines mains dans sa collection, patiemment recueillie sur le territoire de la commune et m'a, de plus, remis nombre de notes et d'indications fort utiles.

M. et Mme **Rousseau,** leur fils **Valentin,** M. **Olivier,** auxquels je dois quantité d'objets et de légendes intéressantes.

M. **Coüard,** archiviste du département de Seine-et-Oise, dont je ne saurais trop louer l'amabilité et l'obligeance. Il connait admirablement l'important dépôt confié à sa vigilance, et se fait toujours un plaisir d'aider les chercheurs, comme archiviste et comme paléographe.

M. **le Duc de la Roche-Guyon,** de l'affabilité duquel je conserve un souvenir reconnaissant, a bien voulu m'ouvrir son *Chartrier* plein de documents du plus haut intérêt. C'est là que j'ai rencontré la presque totalité des preuves sur lesquelles s'appuie mon modeste travail.

M. **Gauthier,** maire de Saint-Martin, dont chacun connaît la bonne grâce, a mis les archives de la commune à ma disposition.

M. **Fouet,** instituteur, m'a prêté un concours précieux pour une foule de recherches, notamment aux registres de l'Etat civil.

M. **Isidore Breton**, cultivateur à Sandrancourt, auquel je dois quelques spécimens d'armes en silex.

M. **E. Hébert**, ancien conseiller municipal à Saint-Martin, dans l'intéressante statistique duquel j'ai puisé un grand **nombre de** renseignements et de chiffres.

M. **Moussard**, archéologue à Bonnières et M. **Adnot**, régisseur du château de la Roche-Guyon, dont l'obligeance, les connaissances et les talents multiples, m'ont été du plus grand secours.

Les Frères de Charité et leur prévost, **Pernuit Émile**.

Enfin, je dois dire aussi que j'ai puisé des renseignements ou des inspirations dans les publications suivantes :

M. **Cassan (Armand)** (antiquités Gauloises et Romaines de l'arrondissement de Mantes et Statistique de l'arrondissement de Mantes).

M. **Coüard**. *Inventaire des Archives de Seine-et-Oise.*

M. **C. Delon**. *Les Paysans. Histoire d'un Village avant la Révolution.*

MM. **Durand et Grave**. *La chronique de Mantes.*

M. **Dutilleux**. *Recherches sur les routes anciennes de Seine-et-Oise.*

M. **de Masseville**. *Histoire sommaire de Normandie.*

M. **Plancouard (Léon)**. *La forêt royale d'Arties-en-Vexin.*

M. **Réaux (Émile)**. *Histoire du comté de Meulan.*

M. **Rousse (Émile)**. *La Roche-Guyon, Châtelains, château et bourg.*

M. **de Sénarmont**. *Géologie de Seine-et-Oise.*

M. **Thomas** (l'abbé). *Rosny-sur-Seine.*

Collection de l'Annuaire de Seine-et-Oise.

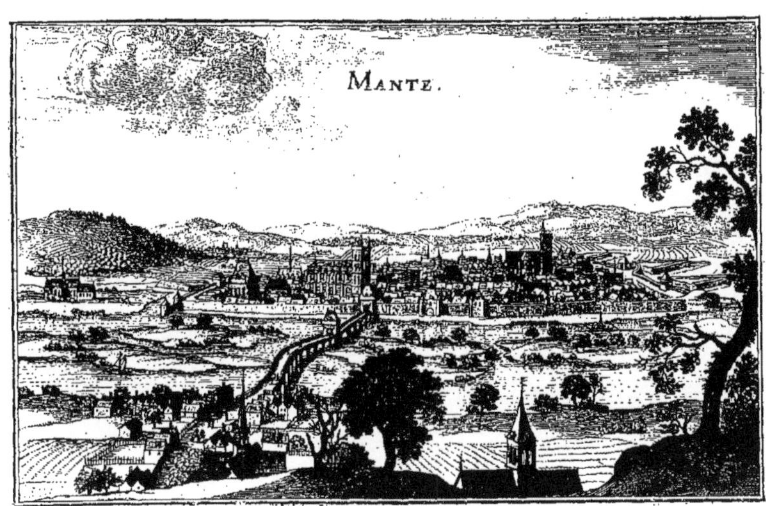

Le pont de Mantes au moyen âge.

Un Village

Saint-Martin-la-Garenne (Seine-et-Oise)

CHAPITRE PREMIER

Origines. — Époque préhistorique

A une époque dont bien des milliers d'années nous séparent, la petite portion de France qui sera un jour Saint-Martin-la-Garenne est, comme tout le pays environnant, couverte par une immense forêt (1). De tous côtés, aussi loin que puissent porter les regards, dans la plaine comme au versant des collines et sur leurs sommets, rien que des bois parfois touffus et impénétrables.

Dans la plaine, vers l'emplacement qu'occupera plus tard notre village, la végétation est rare et chétive ; l'aridité du sol forme là une varenne

(1) Voir *Histoire du comté de Meulan*, par Émile Réaux. La Forêt royale d'Arties, par Léon Plancouard ; statistique de l'arrondissement de Mantes, par Armand Cassan.

nue ou à peine couverte de genêts, de bruyères, d'arbres malingres et clairsemés.

La Seine, qui n'a pas encore de nom, arrose notre territoire où, sans entrave, elle s'étend à l'aise et se donne en tous temps l'aspect que nous ne lui voyons aujourd'hui qu'au moment des inondations. Son cours en est ralenti et c'est avec calme qu'elle s'écoule abandonnant sur sa route quantité de débris arrachés par un travail incessant, à la végétation et aux roches des coteaux qui l'enserrent. Son lit s'en emplit par endroits, des gués se forment. Des îlots émergent et se couvrent de verdure cherchant à assurer ainsi leur stabilité, mais vains efforts ; bien que nés du courant, ils sont anéantis par lui, quand les pluies, grossissant subitement la masse liquide, lui donnent l'impétuosité torrentielle. Plein de rage alors le fleuve s'étend plus au loin dans la plaine, s'acharne sur ce qui prétend arrêter sa course désordonnée, creuse, transporte, amoncelle, transforme tout ce qu'il a recouvert ou touché ; aussi, quand ses eaux redevenues paisibles reprennent leur marche majestueuse, c'est en décrivant de nouvelles sinuosités au fond de la vallée dont leur fureur a changé l'aspect.

Les rives de ce fleuve indompté, la forêt primitive et sauvage qui l'avoisine, nourrissent une faune nombreuse et variée. Quelques espèces émigreront un jour, chassées par les change-

Objets en silex trouvés à Saint-Martin.

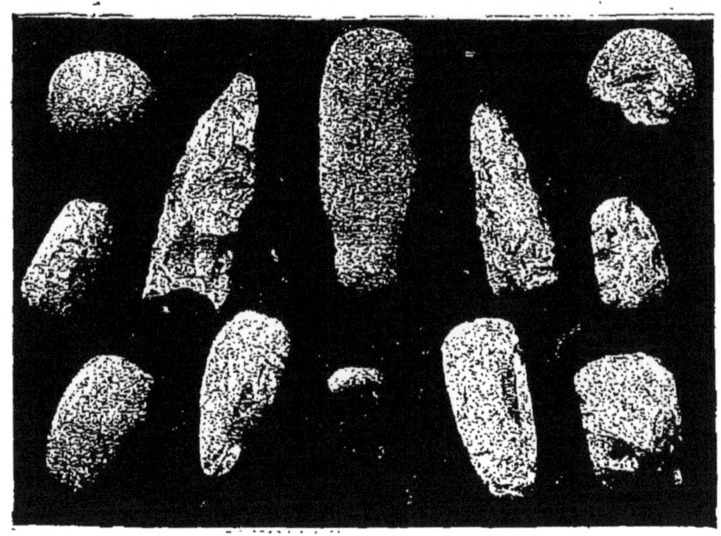

Objets en silex trouvés à Saint-Martin.

ments climatériques ou disparaîtront complètement sous la poursuite ininterrompue de
l'homme (1).

Car, au moment dont je parle, l'homme a fait
son apparition sur la terre. Après avoir vécu en
nomade, chasseur et pasteur, il s'est enfin fixé
au sol qu'il a défriché. On aperçoit, dans l'épaisseur du fourré, la cabane ronde sous laquelle il
revient s'abriter chaque soir et reposer son corps
exténué par le dur labeur du jour.

Comme preuves de son installation à Saint-
Martin-la-Garenne, l'homme primitif, le Gaulois
des premiers âges, a laissé les armes en silex
avec lesquelles il assurait sa défense et abattait
les fauves dont il se nourrissait; les outils bien
rudimentaires dont il avait l'adresse de se contenter pour tailler la pierre, façonner et sculpter
l'os ou le bois, préparer et assembler les peaux
de bêtes dont il s'habillait.

On a recueilli dans notre commune des haches,
des pointes de flèches, des javelots, des cou-
teaux, des percuteurs, des grattoirs, des ciseaux
et quantité de pointes et de débris de toutes
sortes appartenant aux diverses époques de la
pierre taillée et polie.

Nous pensons que la rencontre de haches, de

(1) M. Hippolyte Desplanches, cultivateur à Saint-Martin-
la-Garenne, a trouvé une corne d'Aurochs dans les allu-
vions de la Seine, non loin de Sandrancourt.

flèches et de lances ne peut constituer une preuve
irrécusable d'habitation, car ces armes peuvent
avoir été perdues à la poursuite d'un gibier ou

Abris sous roche. — Hameau de la Désirée.
D'après une photographie de M. Moussard.

abandonnées pendant un combat; mais nous
croyons qu'il en est tout autrement des outils.
N'est-il pas évident que l'artisan préhistorique
ne portait pas, dans ses courses à travers la fo-

rêt, son outillage très encombrant et fort lourd qui, sans compensation, aurait appesanti sa marche, amoindri sa force et son agilité. On peut affirmer, sans témérité, que des ateliers et par suite un village ont existé là où les outils se rencontrent en grande quantité.

On voit d'ailleurs à 300 ou 400 mètres de la Désirée, des vestiges de demeures fort anciennes offrant tous les caractères d'abris sous roches. L'un d'eux est divisé en loges avec une sorte de foyer fort bien agencé. En divers endroits les parois intérieures sont brûlées et noircies par l'action du feu et de la fumée.

L'emplacement en est admirablement choisi pour des gens obligés à être constamment sur le qui-vive. On peut de là surveiller le cours de la Seine et les collines avoisinantes de Rolleboise à Lavacourt et de Vétheuil à la Roche-Guyon.

Malheureusement les bois plantés aux alentours ont rendu impossible les fouilles qu'il eût été si intéressant d'effectuer dans le voisinage immédiat, en vue de rechercher quelques débris laissés par les anciens habitants. On aurait pu dire alors avec certitude si ce sont là des abris sous roches, comme il est permis de le croire, ou seulement des caches dans lesquelles nos pères se retiraient aux temps troublés du moyen âge, des postes d'observation, où chacun venait à son tour surveiller les environs et signaler l'approche du danger.

Quoi qu'il en soit, il y a dans les faits exposés un ensemble de présomptions qui permet d'af-

Abri sous roche. — Hameau de la Désirée.
D'après une photographie de M. Moussard.

firmer que l'homme préhistorique vécut à Saint-Martin-la-Garenne; ce fut certainement lui qui porta les premiers coups de hache à l'antique forêt pour demander au sol une nourriture différente de celle que lui procuraient la chasse, la pêche et la récolte des racines et des fruits sauvages.

Les premiers défrichements furent opérés sur

la lisière du bois, non loin des rives de la Seine et dans la vallée d'Herville arrosée par d'abondantes sources d'eaux vives.

Époque Gallo-romaine

A l'époque gallo-romaine, les terres en culture formaient déjà plusieurs exploitations d'une certaine importance.

On sait que tous les noms de localités terminés par *ville* et *court* sont le plus souvent formés d'un nom propre et des mots latins *villa* et *curtis*, modifiés ou plutôt francisés par l'usage.

Villa et curtis, à une nuance près, désignaient chez les Romains, un domaine rural composé de granges, hangars, etc , et d'une maison plus confortable où le maître habitait.

Ainsi, Herville, Sandrancourt étaient la villa de Her, le curtis de Sandran. Her et Sandran étant le nom ou une corruption du nom des personnes auxquelles appartenaient alors ces terres.

Sandrancourt devait même être composé de deux domaines, car un groupe de maisons détaché situé tout auprès est appelé dans le pays : *la ville de Cléry.*

Dennemont, qui jusqu'à la fin du siècle dernier a fait partie de la paroisse de Saint-Martin-

la-Garenne, est également d'origine fort ancienne; son nom au temps des Romains était
Dianæ mons (1) (Autel de Diane). Un dolmen y
a d'ailleurs été découvert en 1865 (2).

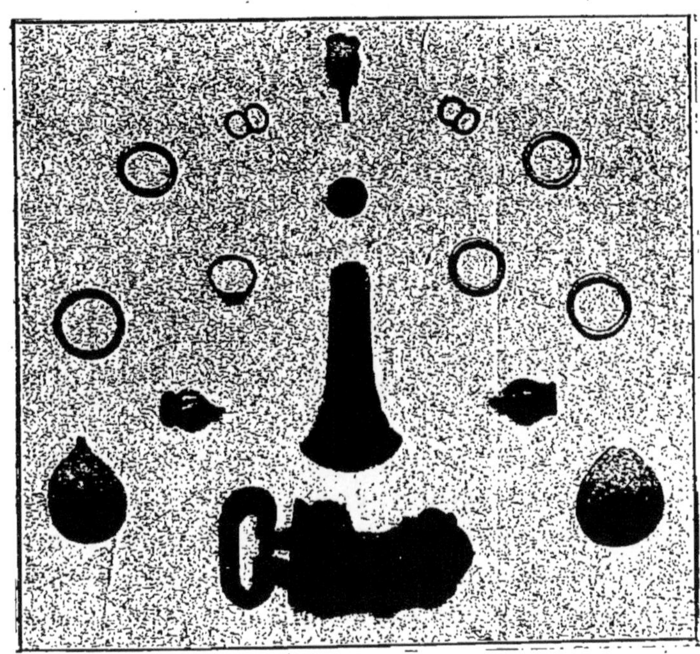

Objets en bronze trouvés à Saint-Martin.

Ajoutons que près de Sandrancourt, non loin
d'Herville, lieu dit le « Gros Saule », au champtier du Petit Clos, sous la Sablonnière, on a re-

(1) Armand Cassan, *Statistique de l'arrondissement de
Mantes.*

(2) Perrier du Carne, *l'Arrondissement de Mantes aux
temps préhistoriques.*

cueilli des fragments nombreux de tuiles romaines et de couvre-joints (1).

On a également rencontré sur divers points du territoire nombre d'objets appartenant à l'âge du bronze parmi lesquels je citerai une plaque de ceinturon, une hache, un fer de lance, des fibules, des anneaux, etc., etc. (2).

Aucun doute ne peut donc être élevé quant à l'antique existence des divers hameaux ou écarts de notre commune; mais est-il permis d'être également affirmatif pour le chef-lieu?

Par deux actes datés de 1081 et de 1083 (3), les vicomtes de Mantes ont donné aux moines de l'abbaye du Bec, la totalité des biens qu'ils possédaient sur notre sol et notamment l'église, la terre de Garenne et tout ce qui se rapportait à la villa de Garenne; et c'est sur ces biens que les moines fondèrent le prieuré. Il y avait donc, avant la création de cet établissement et antérieurement au xıe siècle, une église et une villa dans notre commune connue alors sous le nom de Garenne (*Varenna en basse latinité*).

Par localité, nous entendons ici, village d'une certaine importance, car l'église ne pouvait avoir

(1) Hippolyte Desplanches.
(2) La hache a été trouvée par Louis Henri Lair, les autres pièces m'ont été données par Hippolyte Desplanches et Valentin Rousseau.
(3) Chartrier de la Roche-Guyon, voir pages 231 et 242.

été construite seulement pour la villa et les gens qui l'habitaient ou en relevaient.

On verra d'ailleurs que, dès cette époque, un seigneur possédait tout auprès de l'église une maison seigneuriale et un fief sur lequel il vivait; d'où la certitude qu'une deuxième villa avait été créée à Saint-Martin-la-Garenne fort anciennement et certainement avant l'an 1000.

Du reste, l'acte de 1081 cite au nombre des témoins en présence desquels il fut rédigé : Dreux, maire de Saint-Martin, et Raoul, maire d'Herville.

De nombreux restes de l'industrie des siècles passés viennent ajouter leur affirmation à tous ces faits déjà si concluants.

Quand, en février 1892, on a fouillé l'ancien cimetière pour rectifier le chemin de grande communication qui traverse le village, on a mis à jour une quarantaine de sarcophages en pierre qui étaient, paraît-il, en parfait état de conservation. M. Armand Cassan (1) a émis l'avis que : de tous les cercueils en pierre découverts dans l'arrondissement de Mantes, il n'en est pas un seul qui remonte à l'époque Gauloise ou à l'époque Gallo-Romaine; ils portent tous, dit-il, la date du moyen âge; la plupart appartiennent aux XIᵉ, XIIᵉ, XIIIᵉ et XIVᵉ siècles.

Cette opinion nous paraît beaucoup trop exclu-

(1) Antiquités Gauloises et Gallo-Romaines de l'arrondissement de Mantes.

sive. Elle ne saurait d'ailleurs nous être opposée d'une manière absolue puisqu'elle a été exprimée plus d'un demi-siècle avant la découverte des quarante cercueils dont nous venons de parler, mais fut-elle incontestable qu'elle ne nous empêcherait pas de conclure à une haute antiquité du champ de repos entourant autrefois l'église paroissiale.

En effet, des vases ont été recueillis auprès ou à l'intérieur des sarcophages. Les uns sont incontestablement gallo-romains et mérovingiens; les autres, moins anciens, mais intéressants au point de vue archéologique, appartiennent à des époques diverses du moyen âge. Des monnaies ont été également trouvées dans le sol; l'une d'elles, en argent, est à l'effigie de Trajan (1). Enfin M. Grave, pharmacien à Mantes, possède une hache franque en fer qui provient également du cimetière de Saint-Martin-la-Garenne.

Ajoutons que jusqu'ici l'on n'a rencontré sur aucun point du territoire un autre lieu de sépulture commune aux habitants de la paroisse. Si Sandrancourt, Herville et Dennemont, dont l'antique existence est sûrement établie, avaient été créés avant Saint-Martin, ils auraient eu une autre nécropole où leurs habitants auraient continué à conduire leurs morts, guidés par la

(1) Collection de **M. Hippolyte Desplanches.**

pieuse pensée qui, autrefois, portait l'homme à vouloir reposer près des restes mortels de ses ancêtres.

Donc Saint-Martin a existé, comme Sandrancourt et Herville, dès la plus haute antiquité, et nous pouvons, sans trop recourir à notre imagi-

Poteries trouvées lors des fouilles de l'ancien cimetière de Saint-Martin.

nation, décrire, ainsi qu'il suit, notre territoire à une époque voisine de la période Gallo-Romaine.

Alors la forêt primitive existe encore et nous enveloppe de toutes parts, mais de vastes trouées y ont été pratiquées. Les bords de la Seine, complètement défrichés, sont transformés en prairies ou en cultures qui, autour des villages, s'étendent et pénètrent davantage dans les bois.

Sandrancourt se compose de deux établissements agricoles et de cabanes groupées aux environs. Ce sont des chaumières carrées, exiguës, basses, sans cheminée, à peine éclairées par un trou fermé uniquement par un contrevent en planches mal jointes.

La villa d'Herville entourée de coteaux boisés est seule au fond d'une vallée étroite à l'entrée de laquelle on aperçoit quelques habitations roturières formant un hameau, qui s'appellera plus tard le Coudray (1).

Enfin Varenna, nom sous lequel est alors connu Saint-Martin, en raison de la Varenne dans le voisinage de laquelle il est placé, s'est étendu jusqu'aux flancs de la colline. Il se compose lui aussi de domaines qui deviendront plus tard les fiefs du prieur et des seigneurs.

Une église sans clocher et de bien modeste apparence est au milieu des habitations. Ce sont nos pères devenus chrétiens vers le deuxième siècle de notre ère qui l'ont bâtie et consacrée à saint Martin.

Pour la distinguer des églises fort nombreuses qui ont été placées sous le même patronage, on dira d'abord *Sancti Martini de Varenna*, puis Saint-Martin *en ou* de la Garenne et enfin Saint-Martin-la-Garenne pour désigner, non pas seulement l'édifice, mais la paroisse tout entière.

(1) Lieu où le coudrier abonde.

CHAPITRE II

Incursions Normandes. — Guerre de Cent Ans

Peu de localités, si elles n'ont été le théâtre
d'événements importants, possèdent la trace de
faits anciens ayant trait à leur histoire particulière. Tout ce qui aurait éclairé sous ce rapport
n'a pu qu'exceptionnellement échapper aux pillages et aux incendies, cortège habituel des invasions et des guerres, si fréquentes jusque vers
le XIᵉ siècle. Saint-Martin subit la loi commune
mais moins durement peut-être que les localités
voisines, grâce à l'isolement que lui assurait sa
position topographique. Il se trouvait protégé
d'un côté par la Seine, de l'autre par une
colline peu accessible, enveloppé presque entièrement par la forêt d'Arthies ; placé loin des
quatre grandes routes qui seules existaient aux
environs à cette époque (1) et par lesquelles s'é-

(1) Sur la rive gauche de la Seine, de Paris aux provinces maritimes du Nord-Ouest par Mantes, Rosny, Rolleboise et Bonnières.

Sur la rive droite, de Paris à Rouen par Pontoise, Us,

coulèrent tant de torrents humains. Ses habitants tenus ainsi favorablement à l'écart, durent quelquefois entendre gronder l'orage sans en subir les terribles conséquences.

L'apparition des barques normandes mit fin à cette situation privilégiée.

Ce fut en effet par la Seine, tout le long de notre territoire et en vue de nos villages, que les flottes des hommes du Nord, composées de deux, quatre et même sept cents voiles (1) passèrent pour pénétrer au cœur de la France.

Leur passage fut un fléau pour tous les riverains du fleuve.

« En 841, dit Gabriel du Moulin (2), les Nor-
« mands montent la Seine, pillent, tuent, brû-
« lent et mettent tout à sac. Les moines, la
« noblesse et le peuple tombent sous le tran-
« chant de leurs haches. La plus grande partie
« des villages que ce fleuve rendait et plus beaux
« et plus riches furent entièrement pillés. »

Rien ne fut tenté pour arrêter les audacieuses incursions de ces pirates avides et sanguinaires.

Cléry et Magny; de Paris à Rouen par Meulan, Oinville, Drocourt, Saint-Cyr-en-Arthies, Vétheuil et la Roche-Guyon; de Mantes à Beauvais, par Fontenay-Saint-Père, Drocourt.

Voir *Recherches sur les routes anciennes de Seine-et-Oise,* par A. Dutilleux. *Annuaire de* 1881.

(1) Émile Rousse.

(2) *Histoire de Normandie.*

Les châtelains se bornaient à descendre la herse de leurs donjons, et, bien abrités derrière leurs épaisses murailles, ils attendaient sans péril qu'il plût à l'ennemi de se retirer.

Les habitants des campagnes, quand ils le pouvaient, se réfugiaient dans l'enceinte du château.

Nos pères n'eurent pas cette ressource, car aucune forteresse n'existait dans leur voisinage immédiat. Leur retraite à eux fut la forêt d'Arthies au plus profond de laquelle ils se cachaient et s'installaient avec leur maigre bétail.

Quelques-uns même découragés, refusèrent de retourner à leur chaumière. « Les laboureurs, disent les chroniques, ne voulaient plus ensemencer leurs champs; ils vivaient au fond des bois de racines, de fruits sauvages et de gibier pris aux appaux » (1).

Plus tard, pour purger la forêt d'Arthies de ces hôtes dangereux, venus de tous les hameaux d'alentour, le roi Louis VIII en donnera d'importantes parcelles à diverses congrégations afin de les défricher; « afin surtout qu'au lieu d'une « troupe de brigands, on n'y rencontrât plus « qu'une troupe de saints hommes... » (2).

Après avoir battu les Normands en 863, le roi Charles le Chauve se borna à enjoindre aux

(1) Émile Réaux, *Histoire du Comté de Meulan*.
(2) Armand Cassan.

comtes de réparer leurs forteresses et d'en construire de nouvelles. Les petits châteaux de
Rolleboise et de Vétheuil datent de cette époque.

Le traité de Saint-Clair-sur-Epte (912) mit fin
aux incursions normandes, mais ne ramena ni
le calme, ni la paix.

Deshabitués de l'obéissance, les seigneurs
cherchèrent à s'affranchir complètement de l'autorité royale.

De leur côté, les ducs de Normandie, devenus
rois d'Angleterre, essayèrent de refuser l'hommage qu'ils devaient aux rois de France.

Causes nouvelles de guerres, d'invasions et,
comme le dit Mézeray, de meurtres et de sacca-
gements continuels. « L'armée du roi entra au
Vexin, détruisant tout ce qu'elle rencontrait. »
Ce fut chose piteuse à voir de si « grande déso-
lation comme il y eut » (1).

« Quand Guillaume-le-Conquérant s'avança
vers Paris, le gros de son armée suivit la vallée
de la Seine que remontait sa redoutable flottille.
La Roche-Guyon et Vétheuil souffrirent horri-
blement » (2).

Notre malheureuse paroisse eut, elle aussi, sa
large part des misères communes.

. On se battit près d'elle et tout aux environs :
à Magny, à la Roche-Guyon, à Vétheuil, à Rol-

(1) Emile Réaux. *Histoire du Comté de Meulan.*
(2) Feuillolay.

leboise et à Mantes. Peut-être son territoire fut-il aussi le témoin de luttes acharnées, car on désigne un endroit près de Sandrancourt par le nom du Champ de bataille.

Nulle pitié à attendre d'ailleurs de la soldatesque. Amie ou ennemie, elle n'était le plus souvent qu'une troupe de mercenaires, mélange d'hommes de tous pays, sans foi ni loi, véritables bandits accoutumés à rançonner le paysan et à vivre à ses dépens.

« Lorsque Charles le Mauvais avait sa cour à
« Mantes (1360), les châteaux de Vétheuil, de la
« Roche-Guyon et de Rolleboise étaient devenus
« de véritables repaires de brigands. Du Gues-
« clin fut envoyé contre ces turbulents, les vain-
« quit, rasa les châteaux de Vétheuil et de Rol-
« leboise » (1).

Il en fut ainsi du ve au xive siècle, durant neuf périodes de chacune cent années (2).

Aucune épreuve ne fut épargnée à notre cher pays : invasions, guerres intestines, luttes de castes, dévastations, pillages, incendies et, comme

(1) Alexis Martin.

(2) Il faut attribuer je crois à cette époque les bouleversements et les ruines dont nous retrouvons encore quelques traces ou dont le souvenir est conservé par le nom de certains lieux dits. Dans les champs francs, près de Sandrancourt, on voit un ancien puits et des restes de constructions. Sous la Désirée, non loin des abris sous roches, un lieu dit se nomme : les ruines.

corollaires inévitables, la misère, le brigandage, les maladies épidémiques et la famine.

Comment nos villages ont-ils pu traverser cette interminable période de troubles, de souffrances poignantes et d'épreuves cruelles ! Quelle endurance, quelle puissance vitale devaient posséder nos populations rurales pour subsister et se perpétuer malgré tant de causes d'anéantissement !

CHAPITRE III

Les Seigneuries et les fiefs

Nous avons vu, aux temps les plus reculés, des exploitations agricoles naître et se développer sur le territoire de Saint-Martin-la-Garenne. Ces domaines, demeurés productifs malgré la tourmente des premiers siècles de l'ère chrétienne, passèrent avec leur personnel et leur organisation, des mains du vaincu en celles des vainqueurs successifs pour devenir, au moyen âge, des bénéfices ou fiefs.

Dotations viagères des serviteurs ou favoris des rois, les fiefs, par l'hérédité qui leur fut octroyée, prirent assez vite le caractère de propriétés privées. Les tenanciers restèrent seulement astreints à certains services, à diverses redevances et obligés en tous cas de faire foi et hommage à leur suzerain.

Vers le ixe siècle, notre paroisse, sauf les domaines du bas Saint-Martin et du prieuré, était entièrement en la possession du sire de Saint-Martin.

Il est à présumer que ce fut l'un des écuyers du comte de Meulan, qui obtint, dès cette époque, la première investiture en récompense de services rendus sur les champs de bataille.

Le sire de Saint-Martin était, en effet, astreint aux obligations du service armé.

Il dut répondre aux convocations du ban et de l'arrière-ban, notamment en 1594 et en 1636 (1), mais certes, bien avant cette époque, ses ancêtres s'acquittèrent du même devoir, car ils étaient en possession du fief depuis bien des années.

Un plan général de la seigneurie a été levé de 1749 à 1751 : « avec la division des trièges, y est-il dit, et où ce qui appartient à M. le prieur dudit Saint-Martin est lavé en bleu ». Or, les parcelles ainsi teintées sont toutes contiguës et souvent enclavées dans celles de la seigneurie. Si, lors de la fondation du prieuré, en 1081, elles n'avaient été séparées déjà, il eût été tout à fait indispensable de les désigner et d'indiquer leur limite afin de prévenir toute méprise. Rien de semblable n'ayant été fait, on en doit conclure que la seigneurie était, dès cette époque, propriété distincte, parfaitement définie et certainement entre les mains d'une autre personne

(1) Extraits des minutes du greffe au bailliage de Senlis (29 avril 1594) et du greffe au bailliage de Chaumont (14 avril 1636) (Chartrier du château de la Roche-Guyon).

que le vicomte de Mantes ou le comte de Meulan,
donateurs du prieuré.

D'un autre côté, quantité de documents (1)
nous ont appris que Saint-Martin-la-Garenne dépendait du fief des comtes de Meulan et qu'après
1204 (2), nos seigneurs firent foi et hommage
directement au roi.

Rien dans les nombreux papiers examinés ne
les montre faisant acte de vasselage envers un
autre seigneur.

On peut déduire de ces faits qu'avant la réunion du comté de Meulan à la couronne, la
seigneurie de Saint-Martin-la-Garenne releva
immédiatement des comtes de Meulan, qu'en
outre, cette seigneurie était de création fort
ancienne et constituait un fief militaire.

Des inféodations, des ventes, des baux à cens,
etc., consentis au hasard des circonstances, en-
tamèrent la seigneurie de tous côtés, ne laissant
par la suite que des terres peu étendues, dissé-
minées parmi celles des seigneurs voisins ou des
manants et vilains devenus propriétaires à force
d'énergie, de patience et de privations.

C'est ainsi qu'au XVIe siècle, le territoire de
Saint-Martin se trouvait divisé en un grand
nombre de parcelles, groupées en neuf fiefs (3),

(1) Chartrier du château de la Roche-Guyon.

(2) Date de la réunion du comté de Meulan à la couronne.

(3) Seigneurie de Saint-Martin, du Bas Saint-Martin, du

appartenant à cinq seigneurs différents. Quatre d'entre eux avaient leur manoir dans les principaux hameaux : Saint-Martin, Herville et Sandrancourt. Ceux de Sandrancourt et d'Herville devaient foi et hommage au sire de Saint-Martin qui, sans doute, avait détaché ces parties de son domaine au profit de parents, d'amis ou de serviteurs dévoués.

Un coup d'œil rapide jeté sur chacun des neuf fiefs qui se partageaient notre territoire, nous permettra d'en apprécier l'importance relative.

Seigneurie du Bas Saint-Martin

Dépendance ancienne de la seigneurie de la Roche-Guyon, le fief du Bas Saint-Martin comprenait le hameau que nous appelons actuellement la Villeneuve, des terres aux environs et quelques maisons au lieu dit la Corne de cerf dans le village de Saint-Martin.

Un incendie important eut lieu au Bas Saint-Martin, probablement au cours du XVIIIe siècle, car un champtier attenant aux habitations est encore appelé : Les maisons brûlées.

Peut-être est-ce à la suite de cet événement

Prieuré, de Sandrancourt, d'Herville ; fiefs de Guerny, de Morgny, de Godelan ; chapelle de la Désirée.

que le hameau, rebâti en partie, prit le nom de
la Villeneuve. Cette appellation ne figure du

Plan de Saint-Martin en **1557**. (D'après une photographie de M. Adnot.)

reste aux registres de l'état civil qu'à partir
de 1730 ; avant cette date, le nom de Bas Saint-
Martin est constamment employé. On y a trouvé

plusieurs cercueils en pierre qui datent au moins du xi° siècle.

Outre les redevances, cens, etc., habituellement imposés aux tenanciers des fiefs, les habitants du Bas Saint-Martin devaient d'après l'aveu présenté par la duchesse d'Enville en 1771 : « Pour la défense du château de la Roche-Guyon, en temps de guerre et de troubles, y venir faire le guet et la garde, en tel nombre qu'il est jugé nécessaire par le seigneur ou le capitaine commis pour y commander, et, hors le temps de guerre et troubles, de payer et apporter au château trois sols par chacun an, le jour de St-Rémy, à l'exception des femmes veuves qui ne paient que dix-huit deniers, le tout à charge d'amende. »

Seigneurie de Sandrancourt

Les droits du seigneur de Sandrancourt étaient assis sur le village dont l'aspect et l'importance ne différaient pas sensiblement de ce qu'ils sont aujourd'hui, et sur les terres et bois situés dans un rayon d'à peu près deux kilomètres.

Le domaine seigneurial proprement dit se composait :

D'une maison sise à Sandrancourt, composée de plusieurs bâtiments : colombier à pied, cour et jardin à côté; deux pressoirs sous le même toit dans la dite cour. Le tout d'une superficie de deux arpents ou environ, tenant d'un côté la maison de la Croix de fer, d'autre la Charrière; d'un bout Jacques Breton, d'autre bout le chemin allant à Vétheuil.

7 arpents, 19 perches ¼ de prés;
52 arpents, 20 perches de bois ;

Des redevances en champarts sur 3 arpents, 60 perches de terre.

Des censives produisant :

112 livres, 7 sols 6 deniers ;
10 chapons;
130 poules;
3 pots de vin doux ;
9 pots de vin d'épreinte ;
9 jours de corvée.

Toutes les terres labourables qui ont autrefois dépendu de cette seigneurie, avaient été données, de 1638 à 1772, à différents particuliers en échange d'autres terres ensuite plantées en bois, pour former la garenne de Saint-Martin.

Seigneurie d'Herville

Cette seigneurie avait une certaine étendue, car, outre l'ancienne villa d'Herville, elle possédait le fief de Godelan, les hameaux du Coudray et de Praelles et enfin le fief de Beauval situé sur le territoire de Follainville.

Le fief de Godelan était formé de quelques arpents de terre et d'une maison, dont l'existence non loin du Coudray est établie par une transaction intervenue en 1538 entre les seigneurs d'Herville et de Saint-Martin (1).

Le hameau du Coudray eut jusqu'à 50 habitants, mais sa population décroît rapidement d'année en année. Quant à Praelles dont le souvenir même est effacé de nos jours, il existait au lieu dit « le Gros Saule », où l'on a rencontré quantité de tuiles romaines, et où coule, sans souci du passé, la source d'eau limpide qui alimentait les habitations anéanties.

Ces différentes sections du fief d'Herville ont dû former autrefois des biens distincts, puisque chacune d'elles avait ses bâtiments d'exploitation; mais au XVIIIᵉ siècle, la réunion était complète, et ne comprenait plus qu'une maison seigneuriale. Ce manoir se composait de plusieurs bâtiments : grande cuisine, fournil et salle, chambres, petit cabinet, pavillon, greniers, caves, granges, fouloirs, écuries, vacheries, bergeries, poulaillers, remise de charrettes, cour, colombier garni de pigeons dans ladite cour,

(1) Chartrier de la Roche-Guyon.

enfin deux jardins; le tout clos de murs contenait 3 arpents un quart environ.

L'acte de vente du domaine d'Herville au duc de la Roche-Guyon, indique qu'un pavillon situé dans l'un des jardins au bout d'une petite galerie servait ci-devant de salle au rez-de-chaussée et de chapelle au premier étage.

La seigneurie possédait en outre :

115 arpents, 22 perches de terre;
44 arpents, 47 perches de pré;
1 arpent, 61 perches de bois.

Enfin, des censives s'élevant à 1 livre, 2 sols, 3 deniers à prendre à raison de 2 sols, 6 deniers l'arpent, sur 2 maisons au Coudray, contenant 54 perches, et sur 5 arpents, 79 perches et demie de terre; 2 arpents, 32 perches et demie de vignes et un quartier de pré.

Par suite d'une convention avec les seigneurs de Saint-Martin, les sires d'Herville avaient droit de chasser trois fois par semaine dans la garenne de Saint-Martin.

La seigneurie d'Herville, avec le fief de Godelan, fut vendue, le 27 août 1721, par Jean-René Jouenne, écuyer, seigneur d'Egrigny, pour la somme de 24,980 livres, à François de la Rochefoucauld, seigneur de la Roche-Guyon.

Seigneurie de Saint-Martin

Au moment de sa création, la seigneurie de Saint-Martin comprenait divers fiefs qui en furent détachés ultérieurement par des libéralités de ses titulaires.

Sandrancourt, Herville, Godelan, la Désirée sont incontestablement dans ce cas. Si au XIV⁰ siècle nous les trouvons en d'autres mains, elles sont mouvantes de la seigneurie de Saint-Martin–la-Garenne. Le chartrier du château de la Roche-Guyon possède une foule d'actes en originaux ou copies qui établissent ce fait sans conteste. Ce sont des aveux, des actes de foi et hommage, des saisies féodales, etc., etc.

Différentes terres situées sur d'autres paroisses étaient également dans la mouvance du sire de Saint-Martin. Nous citerons, d'après le chartrier du château de la Roche-Guyon, celles qui s'y trouvaient encore en 1648 : la terre de Beauval, partie du fief de Villepreux et le fief Picquet sur Follainville, le fief de la Chartre, le fief de Nemont, le fief des dames de Villarceaux, un fief assis en la forêt d'Arthies et cinq quartiers de bois au Chesnay.

Au XVIII⁰ siècle, le domaine de nos seigneurs, du moins en la paroisse, se trouve réduit aux seuls fiefs de Morgny et de Guerny.

Entre Vétheuil et Notre-Dame-la-Désirée, dit

un plan du XVII⁰ siècle (1), est le fief de Morgny qui contient *ar et feri* de passage pour abreuver les chiens à la rivière de Seine. Ce fief se composait de terres, prés, bois, vignes, et d'une maison seigneuriale située dans le village.

D'après l'aveu de 1771, déjà cité, les fiefs de Morgny, de Guerny et du Bas Saint-Martin comprenaient ensemble :

11 arpents, 33 perches de prés ;
357 arpents, 25 perches de bois.

Toutes les terres labourables, comme celles de Sandrancourt avaient été données par M. de la Rochefoucauld à différents particuliers en échange d'autres terres, toutes situées dans la Garenne de Saint-Martin et plantées ensuite en bois.

Les censives, compris lods, ventes, saisies et amendes, le cas échéant, suivant la coutume, étaient prélevées sur cinq maisons sises dans Saint-Martin, lieu dit la Corne de cerf et sur les héritages relevant de la dite seigneurie à raison de 3 sols 4 deniers l'arpent. Elles produisaient annuellement la somme de 246 livres, 9 sols, 5 deniers.

La maison seigneuriale qui est qualifiée, château, principal manoir, hostel seigneurial, dans des documents des XVI⁰ et XVII⁰ siècles, existe en-

(1) Chartrier du château de la Roche-Guyon.

core aujourd'hui. C'est la ferme de Saint-Martin, morcelée et modifiée pour l'usage de ses divers propriétaires. Elle est située le long du chemin de Mantes, la première à droite, en entrant dans le village.

Elle se composait autrefois de plusieurs bâtiments, colombier, pressoir et d'un parc clos de murs, contenant vingt arpents.

Et nous avons remarqué, dit un procès-verbal de compulsoire du 26 juin 1664, que sur la principale porte et entrée dudit lieu seigneurial où tous les vassaux de ladite terre ont acccoutumé « ainsi qu'il nous a été dit » de faire la foy et hommage, sont les mesmes armes que celles que nous avons vues aux ceintres funèbres et autres litres de ladite église... Et que les mêmes armes sont peintes en relief sur la porte de la grande salle et aux vitres de ladite salle et de la grande chambre au-dessus de ladite salle, où il y a aux dites vitres un écusson des armes de la famille de Ver (1).

C'était, en effet, dans cette maison que les vassaux du seigneur de Saint-Martin se rendaient pour s'acquitter de leurs obligations et saluer leur suzerain.

10 Juillet 1566. — Foy et hommage par le sieur Achim Dabos, seigneur d'Herville, qui s'est transporté devant la principale porte de l'hostel

(1) Chartrier de la Roche-Guyon.

seigneurial de Nicolas de Myr, escuyer seigneur de Saint-Martin-la-Garenne, pour faire lesdits foy et hommage qu'il est tenu à cause des fiefs d'Herville, Godelan et Villepreux, et offre le revenu d'une des trois années (1).

Le 2 avril 1618, les religieux Célestins de Mantes rendent foy et hommage en l'hôtel seigneurial de Saint-Martin, en parlant à Pierre Barbu, procureur fiscal de la seigneurie (2).

C'était aussi dans cette maison qu'étaient tenus les hauts jours.

« Mes officiers de Guernes, dit l'aveu fait par
« la duchesse d'Enville en 1771, tiennent une
« fois l'an, les hauts jours dans le village de
« Saint-Martin, où il y a pour cela, chambre
« dans la maison seigneuriale. Tous les pêcheurs,
« tous ceux qui ont des bateaux sur ma rivière,
« les marguillers et syndics des paroisses, hôte-
« liers, boulangers, pâtissiers, cabaretiers, ton-
« neliers, menuisiers, ouvriers, marchands et
« autres sujets à la police, pasteurs de bêtes,
« sont obligés de comparaître pour rendre
« compte et affirmer la fidélité de leur adminis-
« tration et négoce, entendre et recevoir les ré-
« glements jugés nécessaires pour la police et le
« bien public et recevoir la correction des con-
« traventions qui pourraient avoir été faites à

(1) Chartrier du château de la Roche-Guyon.
(2) Chartrier du château de la Roche-Guyon.

« peine de 3 livres 15 sols d'amende à mon pro-
« fit contre chacun des défaillants, outre le droit
« de cinq sols chacun pour le droit d'affirmation. »

La justice y était rendue par un bailli ou son lieutenant et les arrêts exécutés par un sergent au bailliage.

Le 4 février 1506, d'après une sentence rendue par Robert de Gevelaide, bailli et garde de la juridiction de Saint-Martin-de-la-Garenne, pour damoiselle Perrette de Ver, dame dudit lieu, un sieur Noël Guédon, est condamné à porter en ses mains un cierge de cire, nu-tête, en chemise, jusqu'au tronc de la chapelle de Notre-Dame-de-la-Désirée et demander pardon de son offense à genoux.

29 juillet 1575. — Commission délivrée par Jean le Marie, bailli et garde de la justice de Saint-Martin, sous le nom de procureur de seigneurie dudit lieu (1).

1580. — Diverses expéditions faites en la justice de Saint-Martin, pour Georges de Mir, escuyer, sieur dudit lieu, contre plusieurs particuliers (2).

16 mai 1618. — Commission du lieutenant de Monsieur le Bailly et garde de la justice de Saint-Martin-la-Garenne pour le seigneur dudit lieu (3).

(1) Chartrier du château de la Roche-Guyon.
(2) Chartrier du château de la Roche-Guyon.
(3) Chartrier du château de la Roche-Guyon.

17 mai 1618. — Saisie féodale par Jean de Beuvon, sergent au bailliage de la justice de Saint-Martin-la-Garenne (1).

1618-1619. — Sentences par le lieutenant de Monsieur le Bailli et garde de la justice de Saint-Martin et actes de procédure à la justice de Saint-Martin (2).

Tout ce qui révèle le pouvoir des justiciers se voyait à Saint-Martin-la-Garenne, prisons, fourches patibulaires, et ce n'était pas seulement le seigneur qui possédait tout cet attirail. preuve de ses droits et de sa puissance, le Prieur, qui rendait également moyenne et basse justice, avait, lui aussi, l'attirail employé alors pour le châtiment des condamnés.

Le sieur Noël Guédon qui fit amende honorable de Saint-Martin à la Désirée, est qualifié : prisonnier des prisons de Saint-Martin.

Un bail consenti le 9 décembre 1784, par le prieur aux frères Breton, contient cette désignation pleine de séduisants souvenirs : « le Jardin du Pilori » (3).

Ce qui vaut mieux et prouve plus encore l'importance des tenanciers du fief, c'est que la seigneurie jouissait de privilèges spéciaux. Toutes les maisons sises en la censive du seigneur de

(1) Chartrier du château de la Roche-Guyon.
(2) Chartrier du château de la Roche-Guyon.
(3) Archives de Seine-et-Oise. Carton 929.

Saint-Martin étaient exemptes du droit d'avoine et d'avinage que le roi percevait, à cause de son comté de Chaumont sur toutes les autres maisons se trouvant en la censive et seigneurie du prieur de Saint-Martin.

CHAPITRE IV

Les Seigneurs

Il n'est pas aisé, même à l'aide de titres et de documents, de dresser avec certitude la liste des possesseurs successifs d'un fief, surtout quand on se trouve en présence de seigneurs placés au dernier échelon de la hiérarchie féodale, de modestes écuyers par exemple.

Si utiles, si considérés que fussent ces guerriers servants, ce n'était pas sur eux que se portait l'attention; leur nom demeurait presque toujours inconnu et si, par hasard, on le rencontre dans les mémoires du temps, il est à peu près impossible d'éviter les erreurs et les confusions auxquelles exposent l'insuffisance et le peu de clarté des qualifications.

Tous les seigneurs, même ceux de rang élevé, jusque vers le xiv siècle, sont uniquement désignés par des prénoms. Ce fait à peu près constant a jeté la plus profonde obscurité dans la filiation de la noblesse féodale. Le nom de famille n'existait pas alors et, comme le dit M. Émile Réaux, « les seigneurs ne faisaient, pour la plupart, suivre leur signature d'aucune appellation propre à les faire reconnaître dans les âges postérieurs. »

L'usage du sceau armorié aurait suppléé, dans nombre de cas, à l'insuffisance des désignations, mais le cachet de cire qui a reçu l'empreinte, n'a pu qu'assez rarement arriver intact jusqu'à nous.

D'un autre côté, s'il est assez facile de retrouver dans les registres tenus autrefois par les hérauts d'armes, les armoiries des puissants du jour, il n'en est pas de même en ce qui concerne les gens de petite noblesse, comme la suite de cette étude va le démontrer.

On trouve un sire de Saint-Martin sur la liste des seigneurs qui s'embarquèrent à Dives en 1066 avec Guillaume, duc de Normandie, pour conquérir l'Angleterre (1).

D'après Gabriel du Moulin (2), parmi les « bannerois ou porte-guidons qui furent en la conquête de Hiérusalem, sous Robert Courte Heuze, duc de Normandie et Godefroy de Bouillon, duc de Lorraine », se trouvait le sire de

----

(1) Du Moulin, *Histoire générale de Normandie* ; de Masseville, *Histoire sommaire de Normandie* ; Jules Janin, *La Normandie* ; Augustin Thierry, *La conquête de l'Angleterre par les Normands.*

(2) Du Moulin, *Histoire générale de Normandie.*

Saint-Martin dont les armes sont d'*or billeté de gueules* (1).

Le sire de Masseville donne la même liste (2), mais au lieu et place du sire de Saint-Martin, nous lisons « de Ver », parmi les compagnons de Robert Courte-Cuisse et de Godefroy de Bouillon. Sire de Saint-Martin et de Ver désignent certainement une seule et même personne, au moins en la pensée du sire de Masseville. Si, en effet, nous nous reportons à la table de son ouvrage, nous voyons qu'au mot Saint-Martin le lecteur est renvoyé aux pages 204 et 251. Or,

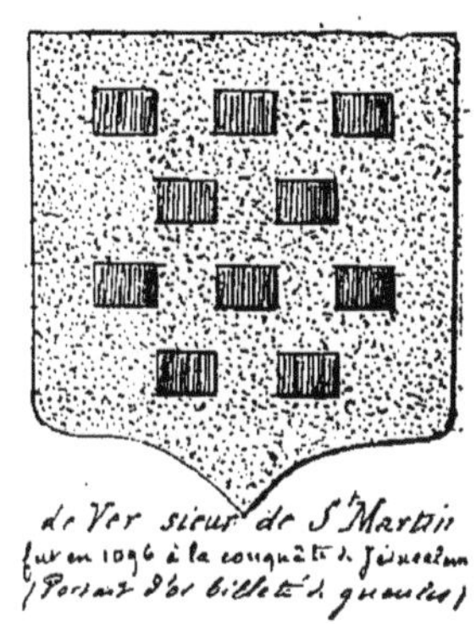

on trouve à la page 204 la liste des compagnons de Guillaume le Conquérant avec le titre de « sire de Saint-Martin » et, à la page 251, la nomenclature des lieutenants de Robert Courte-Cuisse avec le nom « de Ver ».

La Normandie a eu, la chose est certaine, divers seigneurs nommés de Ver et quelques autres qui ont porté le titre de seigneur de Saint-Martin, mais il n'est pas à notre connaissance, malgré les recherches nombreuses auxquelles nous

(1) Rouge.
(2) De Masseville, *Histoire sommaire de Normandie.*

nous sommes livré que le nom de « De Ver »
ait été porté en même temps que la qualification
« sieur de Saint-Martin » par d'autres seigneurs
que les titulaires de notre fief.

Un sire de Ver figure sur la liste « des cent
dix-neuf gentilshommes qui défendirent si bien
le Mont-Saint-Michel en 1424, que les Anglais
ne purent le prendre » (1), leurs noms et armes
étaient peints, mais l'injure du temps a effacé la
plus grande partie de ces armoiries.

C'est aussi l'injure du temps qui a altéré la
couleur des armes peintes aux litres ou bandes
funèbres qui existent encore par endroits dans
l'église de Saint-Martin-la-Garenne. Là, l'écu des
de Ver se lit actuellement : *d'argent à deux fasces
de gueules, le chef retrait du même.*

Une pierre tombale dressée dans le chœur de
l'église paroissiale donne les armoiries de nos seigneurs avec celles de familles qui leur furent alliées
par mariage. En suivant de gauche à droite, on
rencontre : en haut, de Ver, puis de Mir successeur des de Ver, et de Sailly; en bas, l'écu des
demoiselles nobles, de Barbisey et, au milieu, la
réunion des cinq écussons précédents. L'absence
des pointillés et hachures ne permet de voir que
la forme de l'écu (un losange) et des pièces dont il
est chargé : *à deux fasces, le chef retrait et denché.*

(1) *Histoire sommaire de Normandie,* par le sire de **Masseville.**

Cy gisent soubz ces Tombes les corps des sieurs Dames et Damoiselles cy apres
Nommes qui sont ceux de Iehan Deplasnes dit de Myr laisné Escuyer et de
Dam^lle Perrette de Verson espouse en leurs vivant^s Seigneur et dame de S^t
Martin de la garanne. Ceux de Nicolas de Myr Escuyer silz des susd Iehan de
Myr & Perrette de Ver vivant seig^r dud St Martin et Me Dhostel Ord^re
de Monseig^r Anne de Montmorency Connestable de France leq^l deceda le Id^e
Pasques 1568, Et de Dam^lle Iehanne de Sailly son espouse Laq^lle deceda le Iour
de Lassencion 1577 & le Cœur de Georges de Myr escuyer Filz des susd^s
Nicolas de Myr & Iehanne de Sailly luy vivant seigne^r dud St Martin et
gouuerneur de la Ville de Mante Le corps duq^l est enterré a Mirebel en duché de
pays de Bourgogne Leq^l deceda la deux^me feste de Pentecoste 1595 et le
corps de Dame Bonnaduanture le Cesne son espouze Laq^lle deceda le 20 Octob
1600 Et le corps de Dame Anne de Barbisey Laq^lle deceda le 9e Avril
1614 Vivante Treschere espouse de Henry de Myr a pnt seig dud St Martin
de la Garenne et Filz dessud georges de Myr et Bonnadueuture le Cesne
Leq^s a faict apposer cette Pierre po^r servir de memoire a la posterité Le
2 10e Septembre 1616 Laq^lle susd Bonnaduanture le Cesne a légué a
Leglé dud St Martin cinq quartiers de pré en quatre lotz Scituez a
Isles de Flicourt, Herville, de Nosichel et de Guernes a la charge que
perpetuellem^t les Marguilliers de lad Esglise seront tenus de fe celebrer
par chacun année en lad Esglise po^r le salut de son ame et de ses parens
et amys trespassez quatre services de trois Haulte Messes Vigilles et recom
mandaces aux 10^rs des meeredys ou Vendredys des Quatre temps, de fournir
six pinctes ou cierges, faire se la Priere par le curé en son prosne le Dimanche de devant
les services po^r lame de lad de Cesne, danoncer lesd services, de faire chanter
un Libera tous les Dimanches devant les susd tombes au retour de la
Procession et faire tous les ans celebrer le XXe Octob. une Haulte Messe a la
charge aussy que les Marguilliers seront subiects de sonner ou faire son
ner a deux Cloches une demye heure au soir la veuille du tour desdict
Services, comme apper par le testament delad deffuncte datté du XIXe Io^r
d octob 1609 et par contract faict entre led de Myr Escuyer filz aisné delad
deffuncts Georges de Myr Escuyer et lad de Cesne et les marguilliers delad Esglise
en datte du Xe Ianvier 1610 passé devant Pierre Barbu Tabellion a Guernes.
*Amy Lecteur et charité vous direz un Pater noster et Ave maria apres
cette lecture a l'intention des susd^r Deffuncts.*

Pierre Tombale dans l'Eglise de St Martin la Garenne
Haut^r 1^m 46, Larg^r 0^m 85.

Enfin, si l'on en croyait un procès-verbal de compulsoire du 16 juin 1664 (1), les de Ver portaient : *de sable* (2) *à trois fasces de gueules*.

Mais il y là certainement une erreur, car c'est d'après les litres de l'église paroissiale que ce procès-verbal a été dressé et, comme nous l'avons dit, les dessins n'offrent que deux couleurs : *rouge et blanc*. Nous pensons que l'or ou jaune d'autrefois est devenu blanc, en deux siècles, sous l'action réitérée de la lumière et de l'humidité. Semblable hypothèse ne pouvant être émise pour le sable ou noir, on doit être convaincu que le rédacteur du procès-verbal de 1664 peu familiarisé avec le langage héraldique, a écrit sable pour jaune, ainsi qu'il est arrivé assez souvent d'ailleurs en semblable circonstance.

S'il en est ainsi, l'écu des sires de Ver doit se lire : *d'or à deux fasces de gueules au chef denché du même*, ou, si l'on tient compte des indications de la pierre tombale, *au chef retrait et denché du même* (3).

Ces armoiries existent à la Bibliothèque Nationale (4) et dans l'ouvrage de M. Saint-Allais,

(1) Chartrier du château de la Roche-Guyon.
(2) Noir.
(3) Les armoiries données page 35, § 1, sont de même couleur : *or et gueules*, les pièces de l'écu sont seules différentes.
(4) Pièces originales, volume 2960, n° 65780.

comme appartenant à de Ver de Saint-Martin, élection de Chaumont (1).

Remarquons que ni M. Saint-Allais, ni l'armorial général de la Bibliothèque Nationale (Normandie et Ile-de-France) ne décrivent les armes d'aucune autre famille de Ver. D'où nous concluons que les de Ver de Saint-Martin, élection de Chaumont, étaient les écuyers les plus marquants de ce nom ; que, par suite, ce sont bien eux que les historiens de la Normandie ont entendu désigner et que vise M. Le Bègue quand il dit que : « de Ver est le nom de l'une des familles de l'ancienne chevalerie de Normandie qui

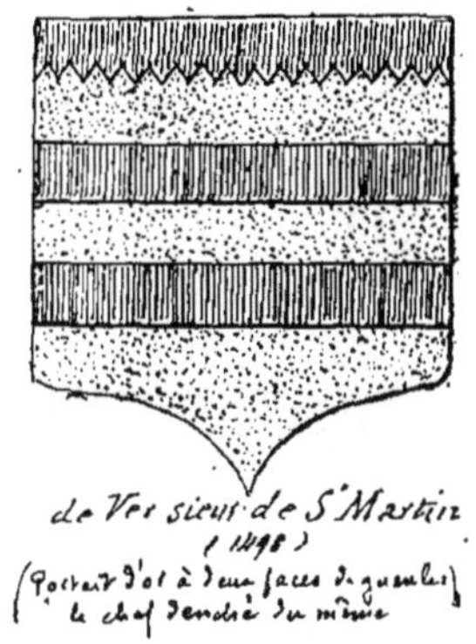

ont parfois pris le plus de part aux affaires et aux événements de ce duché (2). »

Le titre que prenaient anciennement nos seigneurs, vient encore appuyer ces allégations. En 1240 (3), Thibault, l'un d'eux est qualifié sous-vicomte, et ce n'est pas là un accident, car, en 1298 (4), Thibault et Pierre, écuyers, le père

(1) Saint-Martin-la-Garenne appartenait à l'élection de Chaumont.
(2) *Essai sur l'histoire de Neustrie.*
(3) Chartrier du château de la Roche-Guyon.
(4) *Idem.*

et le fils sans doute, sont dénommés vicomtes.

Remarquons à cette occasion que, conformément à l'usage, les nobles possesseurs du fief de Saint-Martin, sont désignés uniquement par des prénoms. L'appellation familiale : de Ver, apparaît à la fin du XIVᵉ siècle et figure, depuis lors, sans interruption, sur tous les actes intéressants la seigneurie (1).

Les sires de Saint-Martin, de Sandrancourt et d'Herville résidaient le plus souvent dans leurs manoirs et, à quelques exceptions près, semblent avoir vécu en fort bonne intelligence avec leurs tenanciers.

Les registres de baptême nous révèlent que les différents seigneurs ou les membres de leur famille consentaient à être parrains et marraines d'enfants roturiers ; des paysans eurent même parfois l'honneur de tenir sur les fonts baptis-

de Myr sieur de S' Martin
1600
(Portrait de gueules à trois bandes d'argent)

(1) Voir la liste des seigneurs au chapitre XIII.

maux les rejetons de la noblesse locale. Ainsi, en 1611, Robert Pileux est parrain de François de Mir, la marraine étant damoiselle Anne de Mir. Malheureusement, leurs mœurs et leur te-

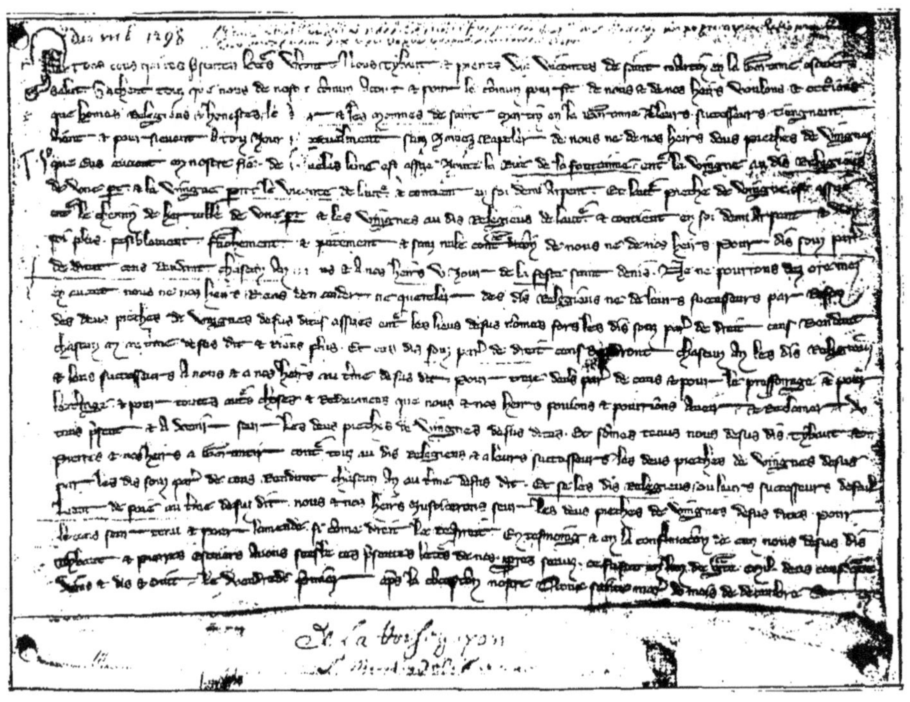

Bail de 1298 entre le prieur et le seigneur de Saint-Martin.
(D'après une photographie de M. Adnot.)

nue laissent parfois fort à désirer.

Nous engageons ceux qui voudraient être édifiés à ce sujet de vouloir bien prendre la peine de consulter à la mairie de Saint-Martin-la-Garenne les registres de l'état civil de 1635 à 1646.

Ils verront qu'il est difficile de pousser plus loin
le sans-gêne et la licence. Mais nous sommes au
XVIIe siècle. La noblesse marche à grands pas
vers la ruine dans le luxe et la débauche. Tout
semble corrompu par en haut ; les rois eux-
mêmes affichent publiquement, presque avec
ostentation, leur conduite irrégulière et scanda-
leuse ; que ne doit-on pas redouter quand les
grands donnent de tels exemples !

CHAPITRE V

Le Prieuré

Un moine bénédictin vint-il, selon la pensée de Taine (1), bâtir sa cabane de branchages à Saint-Martin et, bien avant la création du prieuré, défricher le sol abandonné, établir, avec l'aide de ses compagnons, une ferme, des ateliers et un asile ? On le pourrait croire en lisant la charte de 1107 par laquelle le roi de France ratifia le don de l'église, des vignes, des terres et de la villa qui composaient déjà le domaine du prieuré. Elle désigne en effet comme donataires, l'abbaye du Bec et les moines « demeurant à Saint-Martin de la Garenne ». Mais cette indication n'existe pas aux divers actes antérieurs concernant la donation des biens du prieuré. Voici du reste en résumé les principales dispositions de ces actes :

En 1081 (2), Hilduin, vicomte de Mantes et

(1) *Origines de la France contemporaine.*
(2) Voir page 242.

Guillaume, son fils, ont donné aux moines bénédictins de l'abbaye du Bec, « l'église de Saint-Martin de la Garenne et les vignes et les terres de la susdite église et toute la terre du Coudray ».

Deux ans après (1), le petit-fils d'Hilduin, Hugues, vicomte de Mantes, concède et confirme, dit-il : « le don que ma sœur, épouse du « vidame de Gerberoi a faite aux susdits moines « à savoir toute la terre de Garenne, le bois de « Follainville et tout ce qui se rapporte à la « villa de Garenne. Villa qui avec ses dépendan- « ces avait été donnée par moi antérieurement « à ma susdite sœur, quand je la mariai à Har- « duin, vidame de Gerberoi. »

Ces donations ont été confirmées et ratifiées :

. En 1095 (2), par Robert, comte de Meulan « du fief duquel étaient l'église et la dîme de « Saint-Martin; »

En 1107 (3), par le roi de France ;

. Et enfin en 1121 (4), par Caliste II, pape, et Caliste, évêque de Rouen.

Aussitôt en possession des terres qui venaient de leur être données, les moines de l'abbaye du Bec s'y installèrent et y fondèrent un prieuré.

(1) Voir page 234.
(2) Voir page 233.
(3) Voir page 233.
(4) Voir page 239.

Ces monastères ne différaient pas sensiblement d'une villa romaine. On y voyait l'habitation principale, et à l'entour les granges, pressoirs, colombiers et autres bâtiments nécessaires
à l'exploitation agricole.

Les religieux suivaient les offices, priaient et
méditaient, mais ils ne cultivaient pas ; des serviteurs étaient chargés de ce soin sous leur direction et leur surveillance (1).

Divers documents conservés aux Archives des
départements de l'Eure (2) et de Seine-et-
Oise (3) ainsi qu'au chartrier du château de la
Roche-Guyon nous permettent d'apprécier l'importance du prieuré de Saint-Martin-la-Garenne,
qui n'a subi vraisemblablement aucune modification importante depuis sa fondation jusqu'en 1789.

Il se composait d'un clos de quatre arpents
attenant à l'église et complètement fermé par des
murs. Trois entrées permettaient d'y accéder ;
deux d'entre elles existent encore à l'intérieur du
village, l'autre se trouvait à l'extrémité d'une ave-

(1) On verra plus loin qu'E.ides Rigaud, archevêque de
Rouen, se plaint de ce que le prieur manquait de diligence pour procurer de la chaussure aux moines et aux
gens de la maison.

(2) Série II, n· 14, fragment de dénombrement non daté,
écriture du xvᵉ siècle.

(3) Série G, n· 50. Déclaration faite par M. Rochon,
prieur de Saint-Martin en 1791.

nue plantée d'arbres aboutissant non loin de la chapelle Saint-Pierre.

A l'intérieur était le monastère, modeste maison d'habitation sans cloître, où les moines et le prieur demeuraient et recevaient les voyageurs indigents (1). Le bâtiment principal, peu profond ma's fort long, s'appuyait d'un bout à la base du clocher par laquelle il communiquait avec l'église. La chapelle du prieuré avait été construite dans le prolongement de l'édifice, elle avait trois travées d'arcades aux légères colonnettes surmontées de chapiteaux du XIIᵉ siècle; l'une de ces travées n'était autre que la salle basse du clocher, si on en juge par la ressemblance absolue de l'ornementation et de l'architecture. Les deux travées à la suite du clocher ont été aliénées en même temps que le prieuré; elles servent aujourd'hui de grange et on les désigne encore communément dans le village sous le nom d'Eglise aux Moines.

Dans' ª cour, se trouvaient la grange aux dimes, divers bâtiments agricoles avec pressoirs, grande et petite basse-cour, colombier, etc.

Un pilori, signe du droit de justice octroyé au prieur, se trouvait dans l'un des jardins situés en l'enclos.

Les moines possédaient en outre cinq arpents

(1) Extrait d'un aveu fait au roi par Golfroy, abbé du Bec Helluin en 1455.

de terre dont trois dans l'île de Saint-Martin et deux autres sur divers points du territoire de la paroisse, et enfin des dîmes, cens, rentes, etc., sur de nombreux héritages, sis tant à Saint-Martin qu'à Guernes.

Le revenu de tous ces biens a été évalué par le prieur, en 1791, à la somme de 7,142 livres.

Les charges, à la même époque, s'élevaient à 1,893 livres ainsi réparties :

    Au curé de Saint-Martin. . . .   700 livres.
    Au vicaire dudit lieu. . . . .   350 —
    Au curé de Guernes. . . . . .   200 —
    Pour les deux décimes. . . . .   643 —

En outre de la dîme, du cens, et d'une foule d'autres redevances : mesurage, terrage, vente, etc., les tenanciers habitant Saint-Martin devaient trouver lits tous fournis quand Monseigneur de Rouen et Monseigneur du Bec couchaient au prieuré.

Les archevêques de Rouen vinrent, en effet, à Saint-Martin-la-Garenne et c'est au registre des tournées pastorales d'Eudes Rigaud (1), l'un d'eux, que nous devons de savoir comment les moines vivaient en notre paroisse au xiiie siècle.

Disons d'abord que chacune des visites de Monseigneur coûtait de 7 à 8 livres au prieuré, non compris les denrées consommées : légumes, vin, volailles, etc.

(1) Archives de Seine-et-Oise.

Rappelons aussi que les moines de l'abbaye du Bec étaient de l'ordre de Saint-Benoît, fertile en sujets patients, érudits, et nous devons ajouter vertueux, d'après Dom Bouillart, bénédictin de Saint-Germain-des-Prés, qui, dans sa notice sur Notre-Dame-la-Désirée, rapporte, non sans fierté, l'éloge suivant :

« L'on peut remarquer l'estime que le roi faisait de la communauté où il la regarde comme le champ du seigneur, arrosé d'une abondance de grâces et de bénédictions, cultivé par des religieux habiles, éclatants par la pureté de leurs mœurs et irréprochables dans leur conduite. »

Monseigneur Eudes Rigaud est beaucoup moins élogieux en relatant les treize visites qu'il a faites au prieuré de Saint-Martin-la-Garenne, de 1249 à 1268 :

« Ils ne tiennent pas chapitre. Fréquemment quelques-uns d'entre eux ne chantent pas quand l'on chante et n'ont pas coutume de dire à notes toutes leurs heures.

« Ils ne se confessent pas tous les mois, conformément aux statuts du pape Grégoire.

« Le silence et la clôture ne sont pas observés ; les religieux vont à la Seine sans en avoir obtenu la permission du prieur. Aller à la Seine semble être pour Monseigneur une circonstance aggravante.

« Ils se servent de couvertures et rompent trop

facilement le jeûne; ils mangent de la viande sans nécessité.

« Le Prélat veut bien que le petit nombre (1) des moines les excuse de ne point tenir assemblée, mais il n'admet pas l'inobservance de la règle sous prétexte que le prieuré n'en possède pas le texte; il ordonne qu'on se le procure et qu'on s'en pénètre en lisant journellement un chapitre après prime et, pour pénitence sans doute, il veut qu'en outre le martyrologue soit lu et médité chaque jour. »

Les questions de discipline le touchent beaucoup aussi. Il recommande aux moines de se confesser à leur prieur, de lui obéir et de le révérer... « autant qu'ils pourront. »

Mais les exhortations de l'archevêque ne paraissent pas amener de bien remarquables résultats, surtout en ce qui concerne le jeûne et l'abstinence. A presque toutes ses visites, Monseigneur relève les mêmes écarts et doit renouveler ses admonestations. Les coupables plaident sans doute fort habilement les circonstances atténuantes. Il nous semble les entendre dire : Peut-on laisser les hôtes du prieuré seuls à table ou servir quelques herbes cuites à ces malheureux mourant de faim, dont les forces et le courage ne peuvent être relevés que par une nourriture substantielle; si d'un autre côté on tient compte de la

(1) Ce nombre variait de 3 à 6.

pauvreté de la maison qui ne permet pas de faire double cuisine, il faudra convenir que les infortunés moines sont bien obligés d'oublier la prohibition dont la viande est frappée à certains jours.

Sans affirmer que le scrupuleux archevêque allait jusqu'à l'intolérance, on peut avancer qu'il était au moins fort sévère. Ne s'étonne-t-il pas que Guillaume le sacristain et Richard le sonneur sont ivrognes et ont, par suite, la tête faible.

Il vous est permis moins qu'à tout autre, Monseigneur Rigaud, d'ignorer que quand on a l'honneur de sonner les cloches, on manquerait à tous les devoirs de la tradition si on ne buvait à tire-la-Rigaud.

Mais comment le prieur permettait-il un tel oubli du devoir, dans la maison confiée à ses soins vigilants ?

Eudes Rigaud nous renseigne à ce sujet. Les revenus du domaine, dit-il, ne sont pas enregistrés. Le prieur manque de diligence pour procurer des chaussures aux moines et aux gens de la maison.

C'est sur le produit des biens du monastère qu'il pourvoit à la dépense d'un de ses parents, écolier à Paris.

Il s'acquitte mal de ses devoirs d'officiant et Monseigneur lui enjoint de célébrer plus fréquemment la messe et de se confesser à ses religieux.

Le prieur a été suspendu pour n'avoir pas payé la dîme du roi et, pour avoir encouru trop longtemps cette suspense et n'avoir pas dit la messe pendant environ trois mois, ajoute le Prélat, « lui avons imposé la pénitence qu'il nous a paru bon et nous lui avons enjoint de donner satisfaction, le plus tôt possible, au sujet de la dîme dont il s'agit et de se faire absoudre.

Mais voilà bien une autre affaire :

Quand le prieur va en Normandie, il y séjourne beaucoup ; il monte volontiers à cheval ; de même, il va dans la maison de la dame Alice, femme de messire Thibault, et elle-même vient parfois au prieuré, soit pour y faire arranger ses chevaux ou quelque chose de tel.

Parfois, le prieur entre boire dans la maison de la dame qui vient à son tour se rafraîchir au prieuré. Un jour, elle y a mangé avec une autre dame ; de même, le prieur reçoit comme hôtes plusieurs chevaliers. « Nous avons défendu au prieur de poursuivre, à l'avenir, de semblables relations, surtout celles des chevaliers et de la dame susdite. »

Il y a tout lieu de croire que pendant une longue succession d'années, le prieuré de Saint-Martin fut administré avec le plus grand laisser-aller. Beaucoup plus tard, au XVIIe siècle, un

prieur, soucieux des intérêts de son bénéfice, se
plaint « de la négligence de quelques prieurs qui
« n'ont pas exercé leur moyenne et basse justice
« et ont laissé les officiers du roi s'en empa-
« rer, tandis qu'auparavant ils n'avaient que
« les appellations de la justice moyenne et
« basse (1) ».

Si les prieurs pouvaient justement se plaindre
de leurs prédécesseurs, il est à présumer que les
tenanciers du fief desquels était la presque totalité
des habitants du village de Saint-Martin, devaient,
au contraire, en tirer avantage.

On sent que sous des maîtres aussi débon-
naires, aussi peu soucieux de leurs droits et prérogatives, l'existence pouvait être fort suppor-
table.

Et puis, les moines étaient tenus à plus de
bienveillance ; leur caractère leur imposait la
charité. Il y avait, en effet, trois fois par semaine au prieuré, aumône générale faite régulièrement à tous ceux qui se présentaient (2).

A un autre point de vue, la création du prieuré
fut une amélioration considérable pour la paroisse, qui eut chez elle une force protectrice que
son caractère religieux rendait plus efficace encore.

En 1189, Philippe-Auguste prit sous sa protec-

(1) Chartrier du château de la Roche-Guyon.
(2) Eudes Rigaud.

tion tout ce qui appartenait aux moines de Notre-Dame-du-Bec (1).

A son exemple, les puissants seigneurs des environs, par les nombreux privilèges qu'ils accordèrent à l'abbaye, témoignèrent de l'intérét qu'ils lui portaient. Les personnes et les biens qui en relevaient furent, par suite, beaucoup moins exposés aux insultes et à la spoliation.

Robert, comte de Meulan, donna aux moines de Notre-Dame-du-Bec-Helluin. en quelque lieu qu'ils habitassent, « cette franchise à perpétuité, à « Mantes et à Meulan, que leurs navires et bar- « ques chargés de vin, de blé ou de toutes autres « marchandises soient, de tous temps, absolu- « ment exemptes de toutes redevances et exac- « tions (2). »

En 1200, Guy de la Roche accorde la même franchise sur tous les cours d'eau relevant de sa nomination pour le vin, le blé ou toutes autres choses nécessaires à leur usage (3).

Trente ans plus tard, Guy de la Roche confirma aux prieur et religieux de Saint-Martin-la-Garenne le droit de faire pâturer leurs bestiaux par toute sa forêt du Chênet, à la réserve du taillis (4).

Ces franchises facilitaient beaucoup l'existence

(1) Léopold Delisle, *Catalogue des actes de Philippe-Auguste*.
(2) Chartrier du château de la Roche-Guyon (voir pages 236 et 238).
(3) *Idem.*
(4) *Idem.*

des bénédictins de Saint-Martin qui, sans elles, auraient eu beaucoup de peine à subvenir à toutes les dépenses du monastère.

Il en était d'annuelles :

L'entretien des religieux ;

Les aumônes ;

Le traitement du curé et de son vicaire ;

Les visites de l'archevêque de Rouen et de l'abbé du Bec ;

Les charges inhérentes à la propriété.

Il en était d'extraordinaires et de bizarres :

Un mandement de l'abbaye du Bec, daté de 1297, impose au prieuré de Saint-Martin-la-Garenne, cent sols pour la pension de 500 florins accordée par le pape Boniface VIII à Nicolas, cardinal du titre de Saint-Laurent, sur les revenus de l'abbaye du Bec (1).

Il arrivait, surtout à la suite de mauvaises récoltes, que l'existence devenait difficile au prieuré et l'abbé rappelait au Bec-Helluin, un, deux ou trois religieux qui n'auraient pu subsister à Saint-Martin.

Cette raison fut, sans nul doute, l'une des causes de la suppression du monastère.

Dès le XVIᵉ siècle, le prieuré de Saint-Martin-la-Garenne n'était plus occupé par des moines. Le bénéficiaire, qui fut quelquefois un grand

(1) Archives de l'Eure, série H 96.

seigneur, louait les terres, anciennement exploi-
tées par les serviteurs du couvent, affermait
les censives, les dîmes et les divers produits.
Il se contentait de vivre en rentier, de cueillir
les fruits, sans même habiter la paroisse. C'est
ainsi qu'en 1590, le prieur de Saint-Martin, Jean
de Vieux-Pont, conseiller du Roi, était évêque
de Meaux et avait affermé les terres du prieuré à
un sieur Damour, qui eut maille à partir avec le
seigneur de Saint-Martin. En 1677, le frère Malville de Singlin, religieux profès de l'Ordre de
Saint-Benoît, prieur de Saint-Martin, ne vint
même pas pour son installation qui se faisait
cependant en grande pompe et en présence des
gens de la paroisse, assemblés au son de la
cloche.

Il en fut ainsi jusqu'à la Révolution, époque à
laquelle le prieuré fut aliéné comme bien national (1).

Le 16 juin 1792, la maison prieurale, circonstances et dépendances, jardin et clos fermé de
murs, le tout contenant 4 arpents, plus le
petit logement de la basse-cour dudit prieuré,
pressoir, grange, cuve et 4 arpents 75 perches de
terres labourables en 4 pièces à Saint-Martin-la-
Garenne, furent adjugés moyennant 26.200 livres,
à Denis Apoil, tapissier et fripier à Mantes, pour

(1) **Archives** de Seine-et-Oise, série L.

François Gobert, demeurant à Guernes, François Gaillot, demeurant à Villers en Arthies et Georges Bréval, demeurant à Mantes, co-acquéreurs.

Les adjudicataires durent, en vertu d'une délibération du Directoire du département de Seine-et-Oise, en date du 9 février 1792, « payer « comptant, outre le prix d'acquisition, au « citoyen Rochon, ci-devant titulaire du béné- « fice, la somme de 6.000 francs pour lui tenir « lieu de toute indemnité pour les dépenses par « lui faites à la maison et aux bâtiments dudit « prieuré et à ceux de la Chapelle de la Désirée « qui lui avaient été abandonnés à bail emphy- « téotique par les religieux de Saint-Germain-des- « Prés. » (1)

(1) On trouvera au chapitre XIII la liste des prieurs dont il nous a été possible de recueillir les noms.

CHAPITRE VI

Droits seigneuriaux. — Contestations

Les seigneurs de Saint-Martin, en dehors des prérogatives dont il est parlé au cours de cette notice, jouissaient des honneurs et des privilèges suivants :

Droit de se faire nommer et recommander aux prières de l'Église. Les seigneurs de la Roche-Guyon, successeurs des familles de Ver et de Mir ont été maintenus en ce droit par sentence rendue aux requêtes du Palais à Paris le 16 août 1663 contre M. François Ladvocat, lors prieur de Saint-Martin, qui prétendait s'y faire nommer à l'exclusion desdits seigneurs.

Droit de litre. Large bande noire sur laquelle étaient peintes les armoiries des seigneurs. La litre se rencontre encore, à divers endroits, sur les murs intérieurs de l'église avec les écus des familles de Ver et de Mir.

Droit de travers pour toutes les marchandises passant sur les terres de la seigneurie, lequel es de deux poissons pour tous porteurs et chasse-marée (1). Afin d'assurer la perception de ce droit, des barrières fermaient les rues du village; mais les fraudeurs, qui sont de tous les temps, étaient alors aussi nombreux et peut-être plus audacieux qu'aujourd'hui, malgré les peines rigoureuses et les dangers auxquels ils s'exposaient. Les gens de Sandrancourt et de Guernes, pour éviter la barrière, contournaient le village par la sente des jardins et rejoignaient le grand chemin près la chapelle Saint-Pierre. Ceux de Vétheuil, venant par le chemin des Vignes, longeaient le clos de la Seigneurie et retrouvaient le chemin de Mantes à la Croix-Rouge.

Une surveillance rigoureuse était cependant exercée comme le prouvent deux sentences rendues contre des fraudeurs le 12 décembre 1408 et le 13 novembre 1615 (2).

Les barrières subsistèrent jusqu'à la Révolution française, époque à laquelle elles furent renversées par Mauger, dit Pierrot, surnommé depuis Pierrot brise-barrières (3).

Droit de ban de vendange et de fenaison par exercice duquel le seigneur fixait la date de la fauchaison et des vendanges. Les contrevenants s'exposaient à la confiscation de leurs foins, de

(1) Aveu de 1771.
(2) Chartrier du château de la Roche-Guyon.
(3) Hippolyte Desplanches.

leurs raisins et à l'amende (1). Ce droit qui
avait en vue la sauvegarde des intérêts du château fut maintenu même après l'abolition des privilèges seigneuriaux. Le maire prenait l'arrêté
de ban de vendanges, et nul ne pouvait recueillir
sa récolte avant la date fixée. La routine fut
pour beaucoup dans le maintien de cet usage que
l'on disait nécessaire pour faciliter la surveillance
des vignes et les protéger contre le maraudage.
C'est seulement à partir de 1865 que cette tradition fut abolie à Saint-Martin-la-Garenne.

Droit de jauge et de mesure.

Droit de voirie et bornage avec faculté de nommer et donner provision à un ou deux arpen-
teurs experts-jurés pour faire les mesures et
bornages, soit volontairement ou en exécution des
règlements de justice. Indépendamment de cette
faculté, les seigneurs de la Roche-Guyon possédaient un office d'arpenteur priseur, mesureur
de terres, prés et vignes, bois, eaux et forêts créé
héréditairement par édit du mois de mai 1702.

En 1771 le titulaire de cet office était Nicolas
de la Touche, demeurant à Lavacourt (2).

Droit de pellage et terrage qui est « deux deniers parisis par tonneau et quatre deniers parisis pour la pièce » (3).

(1) Aveu de 1771,
(2) Aveu de 1771.
(3) Chartrier de la Roche-Guyon.

Droit de pressoir banal, en conséquence duquel, dit l'aveu de 1771, j'ai trois pressoirs dans
la maison seigneuriale où tous ceux qui ont
vigne dans l'étendue du fief de Saint-Martin sont
tenus de venir pressurer et de payer pour l'épreinte le tiers du vin venant desdits pressoirs,
à peine de confiscation et de 15 sols d'amende.

Le prieur de Saint-Martin, qui jouissait d'un
droit semblable, avait deux pressoirs dans les
dépendances du prieuré.

C'étaient de lourdes machines encombrantes
nécessitant la présence de dix à douze hommes,
tant pour le transport du marc et du vin que
pour la manœuvre du treuil. Il y a une vingtaine d'années à peine que ces pressoirs ont disparu cédant la place à de petites presses, que
l'on transporte chez chaque vigneron, où elles
fonctionnent bien et vite, servies par deux hommes seulement

Droit de brumanage ou de maniement des
vins qui consiste en ceci : lorsque le vin est vendu
en gros, les marchands ne le doivent faire charger
que par le fermier du brumanage, responsable
du vin durant le chargement et auquel il appartient huit deniers parisis par pièce de vin.

Droit de permis de vente. Nul ne peut vendre
de vin au détail sans y être autorisé par le seigneur ou ses officiers et acquitter les droits.

Droit de salpêtre. Pour la défense de son château le seigneur de la Roche-Guyon avait droit de cueillir seul le salpêtre qui se formait dans toute l'étendue du duché.

Droit de garenne pour le menu aux paroisses et sur le territoire de la Roche-Guyon, Saint-Martin, Sandrancourt, etc., etc.

Droit de chasse à cor et à cri « pour le gros comme pour le menu », dans toutes les plaines ou garennes ci-dessus, ainsi que dans tous les bois et forêts du duché de la Roche-Guyon.

Droit de pêche. « J'ai seul droit de pêche, tant « en la rivière de Seine qu'en celle d'Epte dans « les fins et limites ci-dessus marquées où per- « sonne ne peut pêcher sans ma permission à « peine de confiscation des bateaux, engins et « harnois dont ils se seraient servis, et de l'a- « mende. »

« Et sont tenus tous les dits pêcheurs de « comparaître par devant mon bailli de la Ro- « che-Guyon, le jour auquel ils seront assignés « après la fête de Saint-Rémy, à la requête de « mon procureur fiscal, pour affirmer avec quels « engins ils ont pêché, depuis le jour de l'Ascen- « sion jusqu'au jour de Saint-Rémy et de repré- « senter les dits engins s'ils en sont requis et « en cas que les dits engins ou harnois ne soient « pas trouvés conformes aux ordonnances, ils « encourent l'amende et la confiscation » (1).

(1) Aveu de 1771.

Droit de justice. Le Seigneur et le prieur de Saint-Martin-la-Garenne, les châtelains de la Roche-Guyon avaient le droit de moyenne et basse justice, chacun dans toute l'étendue de son fief.

A cette nomenclature, déjà bien suffisante, il nous faut, d'après la chronique de Mantes (1), ajouter encore un justicier.

« Ce fut seulement en 1266, dit-elle, que Louis IX appointa le Seigneur de Rosny et la commune de Mantes sur la possession de cette garenne. La ville paya encore cent livres parisis pour cette fois, puis mille autres livres pour la possession et le droit de justice en 1281. Cette acquisition donnait au Maire la connaissance des délits sur le territoire comprenant Vétheuil, Guernes, Saint-Martin-la-Garenne, le Coudray... »

Nous n'avons rencontré aucune trace de l'exercice de ce droit dans les nombreux documents que nous avons consultés.

La haute justice était exercée par le roi dont les officiers siégeaient à Magny.

Après l'érection en duché du domaine de la Roche-Guyon (2) les nouveaux ducs eurent droit de haute justice, et ils ajoutèrent à leurs importantes prérogatives la juridiction des eaux et

(1) Par MM. Durand et Grave.
(2) Novembre 1679.

forêts même contre les nobles ecclésiastiques se trouvant dans les fins et limites de leur châtellenie.

A tous ces rouages, venait s'en ajouter un autre : la juridiction ecclésiastique représentée par l'officialité de Pontoise, laquelle intervenait, comme on va le voir, même dans les causes de droit commun.

1534-1535. — Condamnation à huit sous d'amende d'un paysan de Saint-Martin-la-Garenne, qui s'était permis en justice de maudire et de vouer aux fièvres sa partie adverse (1).

1723. — Gilles Camus, vigneron, demeurant à Sandrancourt, se plaint au lieutenant général des crimes, au bailliage de Magny, « que le mardi 5 octobre, certains quidams mal intentionnés et selon toute apparence, ses ennemis jurés, à lui inconnus, profitant de l'absence du suppliant qui était allé avec sa femme au bourg de la Roche-Guyon, lui avaient volé et enlevé tous ses titres et papiers qui étaient resserrés en un coffre dans la chambre de sa maison, consistant en contrats, sentences, billets de partage et quittances pour plus de trois à quatre mille livres, et pour faciliter ce vol, ils avaient enfoncé la porte de derrière de sa maison et celle de la dite cham-

(1) Compte des émoluments du vicaire de Pontoise. Archives de la Seine-Inférieure et archevêché de Rouen n° 394.

bre, et forcé le dit coffre, et, ajoute le plaignant, comme une action si noire et si indigne est très répréhensible et punissable par les lois et les ordonnances, le suppliant a recours à vous. »

Impossible, n'est-ce pas, de rester sourd à si chaleureuse prière; aussi la justice de donner « permis d'informer et faire publier monitoire en forme de droit (1). »

Ce monitoire, ou, pour être plus clair, la lettre du juge invitant le coupable à se livrer ou ceux connaissant le voleur à le dénoncer, ayant été publié trois dimanches consécutifs sans résultat, le plaignant, sur nouvelle requête obtint l'autorisation de faire aggraver le quidam inconnu, c'est-à-dire de faire publier une nouvelle lettre du juge, contenant menaces des dernières censures de l'Église, et enfin, comme personne n'a rien dit encore, le pauvre volé, après nouvelle requête, peut faire réaggraver les malandrins qui l'ont dévalisé.

Pour permettre de juger l'efficacité de toutes ces formalités, voyons en quels termes est conçue la dernière publication :

« Mais les quidams n'ayant fait aucun compte
« des monitoires à eux faits de notre part, par
« trois dimanches consécutifs et nullement satis-
« fait à partie ainsi qu'il est porté dans le certi-

(1) Archives de Seine-et-Oise, g. 204.

« ficat du sieur Dolesseville, curé de Sandran-
« court... »

« A ces causes, nous déclarons par ces pré-
« sentes les sieurs quidams excommuniés. En
« laquelle excommunication ils croupissent l'es-
« pace de six jours et nous les aggravons. Et, en
« cas que par six jours immédiatement sui-
« vants, ils demeurent d'un cœur endurci, obsti-
« nés et contumax, ce qu'à Dieu ne plaise, nous
« les excommunions, aggravons et réaggravons
« et vous demandons que de votre part et auto-
« rité, après la troisième publication de ces pré-
« sentes, tous les dimanches publiquement, se-
« lon les rites du diocèse, es prône et messe de
« paroisse, vous les teniez pour excommuniés
« aggravés et réaggravés (1) ».

Nous n'avons pas à rechercher ici les résultats produits par de telles mesures; il est certain
qu'elles devaient compliquer l'instruction des
crimes, augmenter les frais de procédure et re-
tarder la solution déjà si lente des affaires.

On ne peut s'empêcher de se demander comment nos pères pouvaient se reconnaître au milieu de toutes ces formalités complexes s'ajoutant
aux confusions nées de la diversité des juridic-
tions.

Savoir quel était le juge auquel il fallait s'a-
dresser ne devait pas être chose aisée car, dans

(1) Archives de Seine-et-Oise, g. 204.

une même paroisse, les terres, les personnes, les délits étaient justiciables de tribunaux différents selon le cas, le lieu et la qualité.

Ceux mêmes qui avaient charge de rendre la justice ne surent jamais exactement quelle fut l'étendue de leurs droits.

De temps à autre, les officiers du Roi élèvent des prétentions, sources de difficultés et de procès.

Un jugement rendu l'an 1333, le vendredi d'après l'Ascension, par le bailli de Senlis « ôte et lève l'empêchement mis en la justice du prieur de Saint-Martin-la-Garenne par le procureur du Roi et ordonne au prévost de Chaumont de rétablir le sieur prieur dans sa jouissance. Ensuite est le transport du prévost sur les lieux qui rétablit le sieur prieur en la saisie d'un malfaiteur qui avait tué un homme à Guernes, lequel malfaiteur avait été enlevé de ses prisons par le procureur du Roi. Il y a aussi confiscation des biens du dit accusé au profit du sieur prieur ».

On lit dans l'aveu rendu au Roi le 18 mars 1771 :

« Réclament cependant, MM. les officiers de Magny, le droit de justice sur la seigneurie de Chérence, sur toute la partie du haut de Saint-Martin, à la réserve de cinq maisons qui y sont situées, appelées la Corne de Cerf, dans le hameau de Sandrancourt, le Coudray et la Désirée, paroisse dudit Saint-Martin, sur ce qui est de la Seigneurie du prieuré de Saint-Martin-la-Garenne..... pour être, les dits lieux, immédiatement de leur ressort et juridiction, contre lesquelles réclamations et présentations je fais toutes réserves et protestations contraires en ce qui pourrait me préjudicier ».

De leur côté, le seigneur et le prieur de Saint-Martin se sont trouvés en discussion à peu près constante.

Dès 1240, une transaction intervient entre Thibault, sous-vicomte, seigneur, et le prieur de Saint-Martin, par laquelle on accorde que Thibault aura la justice du larron étranger qui passera sur la terre du prieur et lui sera rendu par le prieur et ses hommes s'il est pris et retenu par eux; que ledit Thibault aura encore la justice du larron des hommes du prieur qui seront pris en volant dans la terre de Thibault; à l'égard du prieur qu'il aura justice du larron de ses hommes et de tous ceux qui demeurent en sa terre; a été aussi arrêté que Thibault ne pourra faire le procès aux hommes du prieur qui auraient laissé évader le prisonnier et attirer la cause par devant lui; mais le prieur sera tenu à en faire la justice; que si le prieur refuse d'en faire justice, ils en porteront leur plainte où ils devront (1).

(1) Traduction d'un document latin du chartrier de la Roche-Guyon.

25 juin 1490. — Autre transaction entre religieuse et honnête personne, Dom Martin de Rouen, prieur du prieuré de Saint-Martin-la-Garenne, soy disant seigneur du dit lieu en partie, d'une part et Jean de Plagnes, escuyer à cause de demoiselle Perrette de Ver, sa femme, soy disant seigneur en partie du dit lieu, d'autre part, par laquelle sur leur différend d'un pilier à carcan que ledit Jehan de Plagnes avait fait apposer en chacun lieu de carrefour et chemin assis en la dite ville de Saint-Martin disant le carrefour et chemin lui appartenir à cause de sa dite seigneurie de Saint-Martin, le dit prieur s'est obligé de faire remettre le dit pilier à carcan (1).

Ces contestations ont enrichi le château de la Roche-Guyon de copies authentiques prises au chartrier de l'abbaye du Bec et dont les originaux sont aujourd'hui perdus. Le fonds de ce chartrier, plus que tout autre, a, nous a-t-on dit, été dilapidé et en partie détruit à la fin du siècle précédent. C'est surtout dans un procès-verbal de compulsoire dressé à la requête de M. de Liancourt par M. Chastelain, huissier à Mantes, que nous avons rencontré la plupart des documents concernant la fondation du prieuré de Saint-Martin-la-Garenne.

C'est d'ailleurs, je crois, le seul résultat pratique des longs procès intentés et soutenus aux

(1) Chartrier du château de la Roche-Guyon.

siècles passés. Le litige subsistait encore quand survint la Révolution, qui, comme le chat de la fable, mit les plaideurs d'accord, en supprimant l'un et l'autre.

CHAPITRE VII

L'Église

Rien ne permet d'indiquer sûrement l'époque
à laquelle a été construite la première église de
Saint-Martin-la-Garenne, mais une foule de circonstances autorisent à penser que ce fut à une
date très rapprochée du moment où le christia-
nisme apparut et se développa dans le Vexin
français (1).

Pour croire qu'il en a été différemment, il
faudrait avoir la certitude ou qu'alors Saint-Martin n'existait pas, ou que ses habitants auraient
résisté à l'élan qui se manifesta partout aux environs.

Dans l'un ou l'autre cas, nous devrions trouver des églises à Guernes, et surtout à Dennemont et à Sandrancourt, dont il est impossible
de méconnaître l'antique origine; il faudrait expliquer aussi comment la localité créée après
toutes les autres et la seule dépourvue d'église

(1) Voir page 14.

serait tout à coup devenue le chef-lieu d'une paroisse importante. Or il n'existe dans les villages voisins aucune ruine, aucune trace, aucun souvenir d'un édifice ancien depuis abandonné ; si loin qu'il nous soit permis de remonter, nous ne trouvons à Guernes, à Dennemont, à Sandrancourt que des chapelles exiguës tout à fait insuffisantes au service paroissial.

Force nous est donc d'admettre que, dès l'origine, ces villages trop pauvres pour agir séparément, se sont unis, comme tant d'autres localités, afin de subvenir aux frais du culte, construire, puis entretenir à efforts communs l'église de Saint-Martin-la-Garenne.

Telle était la situation en 1081, lorsque Hilduin, vicomte de Mantes, et Guillaume son fils donnèrent aux moines de l'abbaye de Bec Helluin l'église de Saint-Martin-la-Garenne.

Il est à présumer que cette église fut conservée en son état pour l'usage des fidèles.

Les religieux ajoutèrent à la suite, dans l'axe de la nef, une chapelle pour l'usage particulier de leur monastère, et, à angle droit, continuant la ligne des bâtiments du prieuré, une construction aujourd'hui démolie qui avançait en l'ancien cimetière et dont nous n'avons pu vérifier l'usage.

Au centre de la croix à bras inégaux, ainsi dessinée, fut édifié le clocher solidement assis et

portant bien haut dans les airs sa flèche élancée et gracieuse qu'ornait une ceinture de légers clochetons. Ce qui nous reste de ce clocher, intéressant encore au point de vue architectural, semble bien être contemporain de la création du prieuré, c'est-à-dire remonter à la fin du xie ou au commencement du xiie siècle.

Frappée par la foudre ou rongée par le temps, cet impitoyable termite, la flèche tomba et ne fut pas reconstruite.

A qui en douterait nous ferions remarquer qu'une base aussi massive n'existerait pas, s'il n'avait fallu soutenir que le petit toit couvert d'ardoises dont l'insuffisance manifeste et le défaut d'harmonie frappent les regards.

Des documents anciens révèlent d'ailleurs l'existence d'une flèche au xvie siècle et donnent sa forme et sa structure.

Saint-Martin-la-Garenne est désigné fréquemment comme l'une des bornes de la forêt d'Arthies. « Les clochers *en pierre* des paroisses, dit une vieille chronique, servaient de bornes à cette forêt, afin qu'aucun seigneur ne pût les déplacer et que la présence du Rédempteur s'offrît partout à l'esprit des fidèles (1). »

Enfin un plan figuratif dressé en 1557 (2)

(1) Armand Cassan.
(2) Chartrier du château de la Roche-Guyon.

montre l'église de Saint-Martin-la-Garenne telle
que nous venons de la décrire.

La décapitation du clocher ne fut pas la seule

L'église de Saint-Martin en 1557. (D'après un vieux plan figuratif.)

mutilation qu'eut à subir l'église de Saint-Martin; les hauteurs différentes de la toiture révèlent des remaniements effectués à diverses

époques avec peu de goût et beaucoup d'inex-
périence.

Nous avons presque assisté à une de ces dé-
sastreuses remises à neuf. Au commencement de
ce siècle, l'église fut transformée en une masse
rectangulaire dont la monotonie n'était rompue
que par quelques fenêtres exiguës de forme et
de surface variables, placées sans symétrie et
comme si le hasard avait seul procédé à leur
ouverture. L'ornementation se réduisait à un
ravalement en plâtre, sous lequel les murs exté-
rieurs disparaissaient entièrement ; les quelques
moulures et la corniche qui régnaient tout à
l'entour ne rappelait en rien le temple primitif.

La restauration commencée il y a quelques
années, grâce à un sérieux effort (environ
23.000 francs), a rendu en partie son caractère
à notre vieil édifice, qui n'est ni sans importance
ni sans grandeur d'aspect. Il couvre une surface
de 402 mètres et mesure 30^m,50 de long sur
13^m,50 de large. L'escalier de trente marches et
deux paliers de repos par lequel on accède au
portail donne une certaine majesté à l'ensemble
de l'œuvre.

Souhaitons la reprise prochaine des travaux
bien nécessaires pour relever les ruines trop
nombreuses que l'on voit encore, qui attristent
les regards et sont une menace constante pour
la sécurité publique.

Autrefois, trois cloches par leur carillon gai ou triste annonçaient les fêtes ou saluaient une dernière fois ceux que la mort avait fauchés. Un procès-verbal de compulsoire du 14 juin 1664 (1) nous apprend qu'à cette date, la plus grosse avait

L'église de Saint-Martin (1860).

été nommée par M. de Liancourt, duc de la Roche-Guyon et dame Jeanne de Schomberg, son épouse, en 1658; que la seconde avait eu pour parrain, en 1617, Henry de Myr et demoiselle Élisabeth de Myr, sa fille ; que la troisième, plus petite, qui lors était cassée, avait reçu son nom en 1659, de M. Jacques Dumansel, prieur de Saint-Martin et dame Françoise de Rubantel.

(1) Chartrier du château de la Roche-Guyon.

Cette dernière cloche dut être refondue vers 1666, car une pièce, du Chartrier de la Roche-Guyon, indique comme parrain et marraine, M. et Mme de la Rochefoucauld, ayant donné 40 livres pour subvenir aux frais de la refonte.

Actuellement, le clocher ne contient plus que deux cloches. On lit sur la plus grande : « L'an 1719, j'ai été bénite par Messire Louis-« Antoine de la Fontaine de Lesseville, curé de « ce lieu, et nommée Louise par M. Jean Breton, « receveur de Sandrancourt, et par dame Our-« sel, receveuse de Saint-Martin, M. François « de la Motte, vicaire et enfants du lieu, Nico-« las Guérin et Jacques son fils, marguil-« lers. »

Les habitants de Saint-Martin-la Garenne sauvèrent cette cloche de la destruction au moment de la Révolution française en l'enfouissant dans le cimetière auprès de l'église.

La seconde, qui est plus petite, porte la mention : « J'ai été baptisée par M. Muydeblé, curé, « assisté par J.-B. Métivier le parrain. J'ai été « nommée Antoinette-Aimée-Félicité, par « M. Hottier et Mlle Dupuis de la Roche-Guyon. « Desplanches et Hébert, marguillers, donnée « par M. Antoine Hottier à la paroisse de Saint-« Martin-la-Garenne et par la dame Adélaïde « Breton sa femme. L'an 1840, M. Trognon,

« maire, gravée par A^{te} Ildebrand fils, fondeur
« à Paris ».

Intérieurement l'église se compose de deux
nefs. Dans la plus petite se trouvent deux chapelles dédiées l'une à Saint-Georges, l'autre à
Marie. La statue de la Vierge qui surmonte ce

L'église de Saint-Martin (1897) (D'après une phot. de M. Adnot).

sanctuaire provient de l'ancienne chapelle Notre-
Dame-la-Désirée.

La nef principale, soutenue par trois piliers,
est couverte d'une voûte plein cintre dont les
bois disparaissent sous un plafond en plâtre.
Elle se termine par le maître-autel, portique du
XVIIe siècle qui retient un instant l'attention par
sa construction et son ornementation sculptée

6

en plein bois. Une peinture de quelque valeur
« le rosaire », est placée dans l'entrecolonne-
ment. La date 1637 se voit au-dessus avec un
cartouche contenant cette inscription :

« *Martinus hac me veste contexit.* »

De chaque côté du maître-autel sont la statue
de saint Martin et de la sainte Vierge.

La plupart des fenêtres qui éclairent l'église
sont aujourd'hui garnies de verres blancs. Il n'en
était pas ainsi autrefois : « Et ont dit les dits
« marguilliers et habitants, que les deux seules
« vitres du chœur qui sont présentement de verre
« blanc étaient cy devant peintes et qu'en celle
« qui est proche de l'autel y étaient peintes
« les armes desdits seigneurs de Saint-Mar-
« tin et en l'autre les armes des seigneurs
« d'Herville, hameau dépendant de la dite pa-
« roisse, lesquelles armes ont été ôtées depuis
« sept à huit ans que la voulte du chœur étant
« tombée a été réédifiée ; pour donner plus de
« jour au chœur, lesdits marguilliers et habitants
« s'advisèrent de n'y faire mettre que des verres
« blancs... (1) »

Les armes des anciens seigneurs de Saint-
Martin se voient encore aujourd'hui dans la dé-
coration du maître-autel (famille de Myr) et sur

(1) Procès-verbal de compulsoire de 1664. Chartrier du
château de la Roche-Guyon.

une pierre tombale (1) encastrée dans la boiserie
qui garnit le chœur, côté du prieuré.

En avant de cette pierre, se trouvaient les
sièges que les seigneurs de Saint-Martin et d'Herville occupaient autrefois pendant les offices. Ces
nobles personnes se trouvaient ainsi tout à fait
voisines à l'église, mais :

« Hélas, est-ce une loi sur cette pauvre terre,
« Que toujours deux voisins auront entre eux la guerre !

Il faut reconnaître qu'en cette occasion, Nicolas de Mir et Achin Dabos furent sages, car pour
ne pas perpétuer leur futile querelle, ils décidè-
rent d'en passer « par l'advis des seigneurs de
la Perruche et de Collade qui verraient les
lieux des dits sièges pour établir iceux selon
leur advis et discrétion » (2).

Malgré l'étendue de la paroisse et les sentiments pieux des habitants, l'édifice ne fut pas
entretenu sans cesse dans un état très satisfai-
sant. En 1686, le doyen de Magny visite Saint-
Martin et constate « que l'église est en grand
désarroi, tant à cause des ruines que de sa peti-
tesse » (3).

La cause, on le sent, en est uniquement à l'in-

(1) Voir la description, page 40.
(2) Transaction du 20 mars 1567. Chartrier de la Roche-
Guyon.
(3) Archives de la Seine-Inférieure, G. 1820.

suffisance des ressources du village. La suppression du monastère, le refroidissement de la ferveur généreuse des seigneurs, abandonnaient la communauté des fidèles à ses seuls moyens bien limités, presque nuls. Aussi les réparations, réduites au strict nécessaire, n'étaient effectuées que quand il n'était plus possible de les différer. Quelque cent années de ce régime devait suffire pour amener le délabrement d'un édifice subissant la fatigue d'un long et constant usage.

La Paroisse

La paroisse de Saint-Martin-la-Garenne comprenait, au XIe siècle, outre Sandrancourt, Herville et le Bas-Saint-Martin, nommé plus tard la Villeneuve, les hameaux ou écarts de Godelan et Praelles depuis lors tombés en ruine ou anéantis, le village de Dennemont et enfin la commune de Guernes tout entière, laquelle n'était alors qu'une chapelle. « En ces temps, Guernes, qui a été depuis établi en paroisse par la permission et bienfaits des abbés prieurs de Saint-Martin et couvent du Bec Helluin, n'était qu'une chapelle. » (1)

Dennemont avait une chapelle « où, en 1756, un capucin, payé par le seigneur du lieu, M. Ro-

(1) Mémoire en défense, rédigé par le prieur. Chartrier du château de la Roche-Guyon.

tisset, premier secrétaire de **M.** d'Argenson,
vient dire la messe les fêtes et dimanches » (1).
Ce hameau relevait de Saint-Martin pour le culte
et le cimetière, mais dépendait de Follainville
pour l'administration et les finances.

Le curé de Follainville, et on ne saurait l'en
blâmer, soucieux des intérêts temporels de sa
cure, pensait que si les gens de Dennemont venaient à lui, son escarcelle pourrait n'avoir pas
à s'en plaindre. Mais par un sentiment semblable, le prêtre desservant Saint-Martin se
montrait résolument hostile à tout projet de dé-
sunion. De là, rivalité qui se perpétuait d'âge en
âge et arrivait parfois à l'état aigu. La légende
nous en a transmis le souvenir sous une forme
tout à fait moyen âge.

Le curé de Follainville, dit-elle, résolut de se
venger par un méchant tour. Un jour, en effet,
montant à l'autel pour dire sa messe, le desservant de Saint-Martin se trouva arrêté dès la première oraison ; les pages du missel, blanches
comme neige, ne contenaient plus aucune écriture,
mais ce prêtre était homme fort instruit en toutes
sciences. Jugeant d'où le coup partait, il se prit à
sourire et murmura : « Si c'est là tout ce que tu
sais faire, tu n'es pas fort mon bonhomme. On
te montrera mieux ». Saisissant alors le livre en-

(1) **Archives de Seine-et-Oise. G. 69.**

sorcelé entre les doigts, il le tourna de diverses manières et en différents sens prononçant quelques paroles mystérieuses et le charme disparut. Mais le plus pris en l'affaire, ce fut le pauvre curé de Follainville. Rentrant chez lui, ce jour-là, il trouva le presbytère envahi par une foule d'animaux immondes : grenouilles, crapauds, lézards, couleuvres, etc., dont il ne se put défaire, tant et si bien, qu'il lui fallut reconnaître la supériorité de son confrère et se tenir coi dans l'avenir (1).

Le curé de Saint-Martin avait pour alliés les habitants de Dennemont, fort attachés à leur ancienne paroisse. De 1791 à 1793, ils s'efforcèrent d'être réunis à Saint-Martin, tant pour le temporel que pour le spirituel, et ne négligèrent rien à l'effet d'obtenir satisfaction. Ils invoquèrent la tradition et exposèrent qu'ils étaient obligés, en payant leurs impositions à Follainville, de supporter leur quote-part des charges locales, entre autres, celle du maître d'école qui ne leur rendait aucun service, leurs enfants allant aux instructions à Saint-Martin.

Mais leur demande fut rejetée, car la municipalité de Follainville disait : « Dennemont n'est qu'à un quart d'heure de nous, tandis qu'il est à presque une lieue de Saint-Martin-la-Garenne;

(1) Légende recueillie par M. et Mme Ernest Rousseau.

de temps immémorial ce hameau a été uni à notre paroisse; ses terres sont confondues avec les nôtres; il y a, au contraire, une ligne de séparation des biens de Saint-Martin d'avec ceux de Dennemont; il serait presque impossible de faire l'imposition de la paroisse de Follainville si le hameau était séparé » (1).

Ces raisons prévalurent et, pour faire cesser toute cause de réclamation, Dennemont fut détaché de la paroisse de Saint-Martin et réuni à celle de Follainville.

Le Clergé

De père en fils, la plupart des habitants de Saint-Martin-la-Garenne avaient été les tenanciers du prieuré et il ne semble pas qu'ils aient jamais eu à le regretter. Généralement, il faut le reconnaître « les paysans n'étaient pas fâchés d'être « donnés aux moines, les hommes d'église « étaient moins durs pour les serfs que les rudes « barons » (2).

Les fonctions multiples qu'avait à remplir alors le prêtre en faisaient l'homme nécessaire à tous.

(1) Registre des délibérations du Directoire du district de Mantes, séance des 24 mars 1791 et 16 février 1793 (Archives de Seine-et-Oise, série L.).

(2) Delon. *Les Paysans, histoire d'un Village avant la Révolution.*

En fait, il était le principal administrateur de la paroisse ; il provoquait et inspirait les réunions des notables tenues à peu près uniquement en vue de pourvoir aux frais du culte, aux dépenses concernant l'église et le cimetière.

C'était lui qui rédigeait les actes de baptême, de mariage et d'inhumation.

La mairie de Saint-Martin-la-Garenne possède ses registres d'état civil depuis 1584; mais il y a malheureusement des lacunes. Quelques volumes manquent, certains actes ne sont pas signés, et, enfin, jusqu'en 1698, les textes sont d'un laconisme vraiment désolant. On en peut juger par les exemples suivants :

« Ce jourd'hui 18 juillet 1679, a été baptisé
« Anne Desplanches, fille de Isidore et de Barbe
« Gudain, ses père et mère. Le parrain : André
« Dodille; la marraine : Anne Latnois, tous de
« cette paroisse, par moi, vicaire audit lieu
« (soussigné).

« Ce 13 septembre 1689 a été inhumé dans le
« cimetière de cette paroisse, le corps de Marie
« Volange, femme de Gabriel Pasquier en la
« présence de ses parents et amis, par moi, curé
« dudit lieu.

« Ce 14 septembre 1678 a été célébré en face
« de notre maître autel, le mariage entre Denis
« Pernuit, fils de Nicolas et de Louise Nollot ses
« père et mère, et Marguerite du Trésor, fille

« de Guillaume du Trésor et Agnès Guibin, ses
« père et mère, assistés de leurs parents et amis
« qui ont signé ».

Sans doute, le fait du baptême, du mariage et
de l'inhumation sont ainsi suffisamment établis,
mais la curiosité du chercheur se plaint de cette
trop grande sobriété de détails qui la laisse inas-
souvie.

Le curé gérait, avec le concours des marguilliers, les biens de la fabrique ; c'était alors ques-
tion fort importante, car les revenus de ces biens
appliqués aux frais du culte et ensuite aux dépenses d'entretien de l'église, allégeaient les
charges de la communauté des fidèles.

D'après un procès-verbal de visite, daté de
1756 (1), l'église de Saint-Martin possédait 550
livres de revenu fixe (2), non compris les quêtes
et oblations volontaires qui pouvaient s'évaluer
à 10 livres pour chaque année ; sur lequel revenu
il était payé au curé, pour l'acquit des fondations
150 livres, au vicaire 120 livres et au maître
d'école 40 livres.

De nos jours, les ressources de la fabrique se
décomposent ainsi :

(1) Archives de Seine-et-Oise, G. 69.
(2) Ce revenu provenait du prix de location de divers
immeubles situés dans la grande île, dans l'île de Dennemont et au pré d'Aubert et du montant de rentes à charge
de services.

BUDGET DE 1879

1° Revenus en biens, fonds, charges de fondations. 240
2° Revenus en biens, fonds sans fondation 189
3° Rentes sur l'état chargé de fondation   46
4° Quêtes . . . . , ...   80
5° Droits de fabrique pour mariages et inhumations.   60

Total. 615

On trouve aux archives de la Préfecture des procès-verbaux assez nombreux relatant les visites faites sous l'ancienne monarchie, soit par le doyen de Magny, soit par le vicaire général de l'archevêque de Rouen.

Une certaine solennité était déployée au cours de ces inspections : « Nous avons été reçus à la porte de l'église, dit un document de 1756, par M. Carneville, curé de ladite paroisse, lequel nous a présenté l'étole et l'eau bénite à la manière accoutumée, et après avoir chanté l'antienne et oraison du saint patron, exposé le saint ciboire, donné la bénédiction et fait les autres prières et cérémonies qui s'observent en pareil cas..... nous avons procédé à ladite visite ainsi qu'il suit ».

Mais le cérémonial terminé, l'examen de l'Église et des divers services était effectué avec une grande minutie ; toutes les infractions étaient relevées, blâmées et punies.

En 1536, des poursuites sont exercées contre

les vicaires de Saint-Martin-la-Garenne pour
avoir inhumé sans lettre du vicaire général, un
pauvre vagabond mort intestat (1).

Le 26 juin 1697, il est fait défense à M. Jean-
Baptiste Morin, prêtre curé « de ne plus desser-
vir le prieuré de Saint-Martin-la-Garenne et de
dire la messe d'icelui vicaire, enjoint à lui d'en
sortir incessamment à peine de suspense » (2).

Le 29 août 1781, le grand vicaire de Pontoise
s'exprime ainsi : « Il sera mis une croix sur le
vase des saintes huiles des infirmes et une chaîne
à un des vases pour le baptême. On rapprochera
la pierre sacrée de l'autel de la Vierge; on re-
nouvellera les cartons de cette chapelle et ceux
de la chapelle du prieuré. On raccommodera
l'ornement violet de tous les jours, on fournira
une chappe noire , on raccommodera la première
marche de la chaire (3).

Ne dirait-on pas l'officier passant la revue de
sa compagnie et ne négligeant aucun détail?

La comptabilité est aussi l'objet de toute l'attention du grand vicaire : « Ordonné qu'à l'avenir aucun marguiller ne pourra faire de dépenses
extraordinaires pour le compte de ladite fabrique
excédant 20 livres, sans autorisation de l'assem-

(1) Archives de la Seine-Inférieure, Archevêché de
de Rouen. G. n° 396.
(2) Archives de Seine-et-Oise. G. 64.
(3) Archives de Seine-et-Oise. G. 64.

blée des habitants portée sur le registre des délibérations sous peine d'en répondre en son propre
et privé nom. »

« A l'avenir, le marguiller, lors en charge, demeurera responsable des pertes qui arriveraient
à la fabrique, à raison de l'insolvabilité de ceux
à qui il aurait adjugé les biens de la fabrique...
à moins de justifier qu'il aurait fait les diligences
nécessaires pour en obtenir le paiement » (1).

L'intervention constante du clergé dans tous
les actes de la vie civile, l'excellente gestion que
nous venons de signaler ont dû contribuer pour
une large part à maintenir l'attachement de nos
populations à leur culte, le respect qu'elles témoi-
gnaient à leur pasteur.

Elles n'hésitèrent pas à manifester l'un et
l'autre au moment où éclata la Révolution française. La grosse cloche de l'église, la statue de
la Vierge Notre-Dame-la-Désirée furent cachées
et sauvées de la dévastation; personne, même aux
plus mauvais jours, ne viola le secret de tous.
Nous allons voir qu'il n'eût pas fallu de bien
grands efforts pour ranger tous ces braves gens
sous les bannières du clergé.

Le 17 pluviôse, an VI de la République française, réquisition est donnée par le commissaire
du Directoire exécutif près l'administration municipale du canton de Mantes, au capitaine de la

(1) Archives de Seine-et-Oise. Série G, n° 70.

29ᵉ division de gendarmerie nationale, pour arrêter et conduire à la maison d'arrêt de Versailles, le nommé André Le Roy, curé de Saint-Martin-la-Garenne, qui n'avait pas prêté les serments exigés par les lois.

Une lettre du 15 ventôse suivant énumère, en ces termes, les griefs relevés contre André Le Roy.

Le commissaire du Directoire exécutif près l'administration municipale du canton de Mantes, au commissaire du Directoire exécutif près l'administration centrale du département de Seine-et-Oise.

« Citoyen,

« Par ma lettre du 28 pluviôse dernier, j'ai an-
« noncé, au Ministre de la police générale, qu'il
« y avait environ deux ans que le nommé André
« Le Roy, ministre du culte catholique, qui se
« trouve présentement détenu en la maison d'arrêt
« de Versailles, était revenu habiter la commune
« de Saint-Martin-la-Garenne ; qu'à son arrivée,
« il avait choisi pour asile, la maison du nommé
« Bréval, agent municipal qui vient d'être desti-
« tué, chez lequel il resta environ trois ou quatre
« mois, temps nécessaire pour se former un parti
« qui lui fût dévoué ; que, lorsqu'il fut parvenu
« au but qu'il désirait, il se transporta, accom-
« pagné d'une multitude de citoyens qu'il égara,
« entra à leur tête chez le citoyen Desplanche,

« alors officier public de ladite commune, le
« força à lui remettre les clés du ci-devant pres-
« bytère qui servait alors de maison commune
« dans laquelle étaient reserrés tous les registres
« de l'état-civil des citoyens, s'empara aussi de
« force de cette maison qu'il a habité jusqu'au
« moment de son arrestation ; je lui ai annoncé
« également que divers registres de l'état-civil et
« notamment les suppléments de l'an II et tous les
« registres de l'an III se trouvaient perdus ; qu'ils
« existaient cependant dans le ci-devant pres-
« bytère lorsque ce ministre y entra et qu'ils
« avaient disparus depuis cette époque. »

« Je suis informé que ledit Le Roy ne peut
« méconnaître que c'est lui-même qui les a sous-
« traits. Puis, je viens d'être instruit que l'on
« avait trouvé dans ladite maison, depuis son
« départ, des copies de ces registres, qu'il a
« transcrites de sa main sur ceux qui avaient été
« remis par l'officier public d'alors. Chaque copie
« de ces actes se trouve signée de lui seul ; je
« vous observe que ces copies ne sont pas con-
« formes aux véritables registres parce qu'il a
« refait les actes de naissances, mariages, décès,
« comme si ce fut lui-même qui les eût reçus en
« sa qualité de prêtre (1)... »

« Salut et fraternité.

« Signé : Pison ».

(1) Archives de Seine-et-Oise. Série Q. Déportés.

Ces actes furent sévèrement punis. Le citoyen Bréval, agent municipal de la commune de Saint-Martin, qui paraissait avoir eu des intelligences avec André Le Roy, fut destitué. Quant au curé, il fut déporté à la Guyane et mourut dès son arrivée en cette colonie d'une maladie putride. Leroy, curé de Saint-Martin, fut frappé le 13 novembre 1798 (1).

On pourrait croire que depuis la Révolution française, le zèle des habitants de Saint-Martin s'est refroidi quelque peu, car le 16 octobre 1830, l'évêque de Versailles fait écrire au maire :

« Votre pasteur se plaint des mauvais traite-
« ments qu'il aurait éprouvés dans votre com-
« mune pendant cette dernière Révolution ; de
« l'état de dégradation où se trouve le presby-
« tère et qui le rend inhabitable pendant l'hiver,
« et enfin du supplément de traitement qui lui a
« été promis et qu'on ne s'occuperait pas de lui
« faire toucher.

« M. l'évêque pense que les mauvais traite-
« ments n'ont pu provenir que de la part du très
« petit nombre d'esprits séduits et égarés par
« l'effervescence du moment et qu'il suffira de la
« fermeté du maire et de la sagesse du pasteur
« pour ramener le calme... »

(1) Les déportés à la Guyane après fructidor. Victor Pierre.

L'évêque avait raison : la sagesse du pasteur est le plus sûr moyen de retenir les gens dans le giron de l'Église. Un mauvais prêtre éloigne plus de l'autel en quelques mois que tous les discours des libres-penseurs en plusieurs années. Si, surtout en Seine-et-Oise, la religion se perd dans nos campagnes, on le peut croire, ce n'est pas uniquement « la faute à Voltaire ».

Ce fut le prieur qui, jusque vers le xvᵉ siècle, a été le curé de la paroisse de Saint-Martin-la-Garenne. Nous avons enjoint au prieur, dit Eudes Rigaud, archevêque de Rouen, dans son journal de visites pastorales, de se conduire comme curé vis-à-vis du desservant de la paroisse.

Ce desservant, presque toujours qualifié curé, était à la nomination de l'abbé du Bec, et réduit à « portion congrue ». Son traitement fixe servi par le prieur était de 700 livres.

Un vicaire le secondait et recevait pour le service paroissial des émoluments s'élevant à 350 livres l'an, non compris ce qui lui était alloué comme chapelain du prieuré.

Deux maisons distinctes servaient de logement à ces prêtres.

Le presbytère, le même qu'aujourd'hui, était composé, en 1790, par bas d'une cuisine, salle à manger à côté; au premier, deux chambres et un petit cabinet, grenier dessus; cave sous la cuisine, bûcher, fournil, chambre de domestique; le jardin avait une superficie de 3 perches environ (1).

Le vicariat, situé auprès de la chapelle du prieuré (l'église aux moines), était composé par bas, d'une cuisine, salle à côté et, par haut, deux petites chambres, grenier dessus; jardin devant, contenant 3 perches, entouré de murs en bon état (2).

Cette dernière maison fut vendue le 18 prairial, an II, à Denis Apoil, marchand fripier à Mantes, moyennant 3.100 livres (3).

Sandrancourt et la Désirée eurent aussi chacun un vicaire.

Celui de Sandrancourt touchait, en 1756, 400 livres qui lui étaient servies : 100 livres par le prieur; 200 livres par les habitants; le surplus lui provenait de produits divers et notamment de la quête du vin que le curé de la paroisse lui abandonnait moyennant 24 livres (4).

Il était logé dans la maison, dite du vicariat, à laquelle un jardin était attenant.

Celui de la Désirée ne recevait rien des religieux de Saint-Germain-des-Prés desquels il re-

(1) État général des édifices consacrés au culte. Archives de Seine-et-Oise, O 2 A.

(2) État général des édifices consacrés au culte. Archive de Seine-et-Oise, série O 2 A.

(3) Archives de Seine-et-Oise. Vente de biens nationaux.

(4) Archives de Seine-et-Oise. Carton 69.

levait. Il touchait les revenus de la chapelle qui,
avec ce qu'il tenait de la charité des fidèles, devaient suffire tant à son entretien qu'aux réparations et aux frais du culte (1).

(1) *Histoire de l'Abbaye de Saint-Germain-des-Prés,* par
dom Bouillart.

CHAPITRE VIII

Chapelles. — Monuments. — Confréries

La chapelle Notre-Dame-la-Désirée

Chassant un jour en sa forêt d'Arthies, Charles V, roi de France, s'égara. Après avoir erré à l'aventure durant de longues heures, accablé par la fatigue et la désespérance, le souverain éleva son âme au ciel et supplia la mère du Sauveur de lui tendre une main secourable. Réconforté par l'ardeur de sa prière, il se remit résolument en marche, et, dès les premiers pas, ses yeux pénétrant l'épaisseur du fourré, aperçurent la flèche élancée du blanc clocher de Saint-Martin-la-Garenne. Convaincu que la Vierge l'avait entendu et exaucé, le prince, obéissant à un sentiment de pieuse reconnaissance, jura d'édifier une chapelle là où avait fini sa peine et de la dédier à Notre-Dame-la-Désirée (1).

(1) Légende recueillie par M. Verrien, propriétaire à Saint-Martin-la-Garenne.

Si nous en croyons dom Bouillart (1), ce ne serait pas Charles V mais : « Henri de Villemorien, gentilhomme du diocèse de Langres, qui, ayant passé sa jeunesse au service de Charles V et voulant finir ses jours dans la solitude, aurait fait édifier la chapelle de Notre-Dame-la-Désirée. »

On se demande pourquoi ce serviteur du roi, étranger au pays et n'y possédant absolument rien, s'il n'avait obéi qu'à son inspiration, aurait choisi, en notre paroisse, un coin inconnu, tout auprès, mais en dehors de la forêt royale.

La terre sur laquelle il s'agissait de bâtir dépendait en effet de la seigneurie de Saint-Martin-la-Garenne et le roi intervint pour obtenir de Mathieu de Ver la concession du sol.

« Il fallait aussi l'assentiment de Philippe
« d'Alençon, archevêque de Rouen, qui était pour
« lors à Rome. Louis, comte d'Etampes, son pa-
« rent, lui écrivit et les grands vicaires eurent
« ordre de donner les permissions nécessaires,
« ce qui fut exécuté au mois de juin 1375 (2).

« Henri, toujours d'après dom Bouillart, fit

(1) L'opinion de dom Bouillart est ici sujette à caution, son Ordre avait intérêt à nier l'intervention royale à cause des prétentions élevées par le domaine. (Voir page 105.)

(2) *Histoire de l'Abbaye de Saint-Germain-des-Prés*, par dom Jacques Bouillart, religieux bénédictin de la Congrégation de Saint-Maur. Imprimée à Paris, chez Georges Dupuy, 1724 (Bibliothèque de la Ville de Versailles). L'autorisation des grands vicaires est insérée ensuite de ladite Histoire, preuve CXIII.

« alors construire à ses dépens une chapelle en
« l'honneur de l'Annonciation de la Sainte-
« Vierge, sous le nom de Notre-Dame-la-Désirée,
« et quelques petits bâtiments à côté, pour se
« loger. Il y donna ensuite tout ce qu'il avait de
« revenus ».

Pendant une longue suite d'années, des ermites, désignés par le seigneur du lieu, habitèrent
la Désirée. Nous pensons que Villemorin ou
Villemorien fut simplement le premier d'entre
eux. L'acte suivant, intervenu en 1376, désigue
formellement le roi de France comme fondateur
de la chapelle.

« A tous ceux qui ces lettres verront, salut,
« sachent tous que..... Massiot de Ver, escuyer
« panetier de M. d'Anjou, de sa bonne volonté
« reconnut et confessa avoir donné pour Dieu et
« en pure et perpétuelle aumône à Henri de
« Villemorin (1) une place assise entre Saint-
« Martin-de-la-Garenne et Vétheuil, au lieu ap-
« pelé Moregny, contenant demi arpent ou envi-
« ron pour faire en icelle son habitation, et
« autour la fontaine du Bois, un arpent de terre,
« lesquelles places ledit Massiot tenaient en l'ap-
« partenance du fief qu'il tient du Roi notre
« sire..... et auquel lieu le Roi, notre seigneur,
« a *fondé* et *édifié* une chapelle et chapellenie en
« l'honneur de Dieu et de la Sainte-Vierge et son

(1) Dom Bouillart écrit de Villemorien.

« Annonciation appelée Notre-Dame-la-Désirée,
« et à ce que le dit Henriot y ait et puisse avoir
« plus convenablement son habitation et que le
« divin service soit fait perpétuellement, le dit
« Massiot transporte au Roi notre dit seigneur
« tout le droit que lui, Massiot, avait à ces dites
« places..... pour y fonder et édifier la dite cha-
« pelle et y faire sa pleine volonté comme fon-
« dateur et patron d'icelle et y ordonner chapel-
« lenie perpétuelle, pour telle manière que quand
« il y aura chapelain ordinaire ou mutation de
« chapelain, que le dit Massiot ou ses hoirs pro-
« créés de son corps présentera au Roi notre dit
« seigneur..... une personne convenable comme
« chapelain..... et le dit Roi notre dit seigneur,
« comme *fondateur* et *patron* d'icelle donnera et
« confirmera en la personne convenable présen-
« tée par le dit Massiot ou ses hoirs..... Donné
« le vendredi 2 janvier 1376 » (1).

La dotation de la chapelle se composa surtout
de concessions faites par le seigneur de Saint-
Martin et des libéralités consenties à diverses
reprises par les rois Charles V et Charles VI.

15 Mars 1377. — Rente perpétuelle de 25
livres données pour la fondation de la chapelle
la Désirée (2).

(1) Chartrier du château de la Roche-Guyon.
(2) Archives nationales. — Monuments historiques, carton des rois Charles V, K 51, original scellé.

1378. — Achat par le roi Charles V, moyennant 5 francs d'or d'une pièce de vigne (1).

21 Juillet 1379. — Massiot de Ver vend au roi Charles V, moyennant 25 francs d'or, une rente de 40 sols parisis à prendre sur les cens de lui de Ver, à Saint-Martin-de-la-Garenne.

28 Mai 1380. — Vente au roi Charles VI pour 50 francs d'or d'une pièce de terre assise en une île nommée Petel, tenant au pré de la maison Dieu de Vétheuil, aboutissant à la rivière de Seine et à la noue Frotal.

1385. — Le roi Charles VI achète une pièce de vigne, lieu dit Morigny, moyennant 14 livres.

« Des particuliers animés du même zèle con-
« tribuent aussi d'une partie de leurs biens à la
« même fondation. Jean Bourgeois, seigneur du
« Bois, donna 8 livres tournois de rente en 1540,
« pour dire tous les samedis une messe en
« l'honneur de Notre-Dame des Sept Douleurs. »

« Enfin, Henri de Villemorien ayant passé
« environ 22 ans dans sa solitude, toujours oc-
« cupé de Dieu, voulut pourvoir à la conserva-
« tion de Notre-Dame-la-Désirée, et, de peur
« qu'après sa mort qu'il prévoyait n'être pas
« éloignée, il n'y arrivât quelque changement, il
« la donna pour cet effet à l'abbé et aux reli-
« gieux de Saint-Germain-des-Prés de Paris. —
« Le roi Charles VI confirma cette donation par

(1) Dom Bouillart.

« ses lettres patentes de 1397 (1), à condition
« que l'on célébrerait tous les ans dans la même
« chapelle deux grandes messes à son intention,
« l'une le jour de la Purification et l'autre le jour
« de la Nativité de la Sainte-Vierge (2). »

Dès leur entrée en possession du bénéfice qui
leur échéait ainsi, les religieux eurent des difficultés avec le seigneur de Saint-Martin qui ne
consentit « à lever sa main qu'il avait mise à
plein par défaut de « homme » qu'à la suite d'un
acte du 4 juillet 1397, dans lequel l'abbé s'en-
gage pour l'avenir « faire bailler homme ». Un
nouvel acte du 4 juillet 1400 est ainsi conçu :

« Sachent tous que nous, Guillaume, par la
« permission divine, humble abbé de Saint-Ger-
« main-des-Prés de Paris, confessons que nous
« tenons à cause de notre chapelle la Désirée
« 3 arpents de prés ou environ mouvants en
« censive de noble homme Macyot de Ver escuyer,
« lesquels ne sont point amortis et parce qu'il a
« plu au dit Macyot de les nous laisser... tenir ..
« de sa courtoisie, mais ne voulons pas que ladite
« *tenure* ainsi faite.... lui puisse tourner à pré-
« judice pour le présent ou pour les temps à
« venir. En témoin de ce..... (3). »

(1) On trouve la charte de Charles VI au recueil des
pièces justificatives de l'*Histoire de l'Abbaye royale de Saint-
Germain-des-Prés*, pièce CXIV.

(2) Dom Bouillart.

(3) Chartrier du château de la Roche-Guyon.

Les officiers du Roi, s'appuyant sur ce que Charles V et Charles VI avaient contribué de leurs deniers à la fondation et à la dotation de la chapelle, élevèrent des prétentions en faveur du domaine royal : « Un ecclésiastique, nommé Ro-
« bert Guérin, obtint en 1399 des provisions pour
« jouir de cette chapelle comme d'un bénéfice à
« la nomination du roi ; les religieux de Saint-
« Germain s'y étant opposés, portèrent l'affaire
« au Châtelet de Paris, lequel, par une sentence
« de la même année, les conserva, non seulement
« dans la possession de la chapelle, mais aussi
« des héritages, des rentes et offrandes qui pou-
« vaient y être faites. »

« Il y avait tout sujet de présumer après cela
« que l'abbaye jouirait paisiblement de la cha-
« pelle. Mais on lui en disputa encore la posses-
« sion. En 1480, le roi Louis XI, prévenu par
« quelques personnes mal intentionnées, donna
« commission à Jean Descouville, l'un de ses se-
« crétaires, de s'informer de quelle fondation
« elle était et qui en avait la collation. Les reli-
« gieux de Saint-Germain montrèrent leur titre
« et leur possession ; nonobstant cela, les offi-
« ciers du roi formèrent des oppositions et des
« difficultés qui ne furent levées que quelques
« temps après (1). »

La relation de ces revendications établit com-

(1) Dom Bouillart.

bien il est difficile, même avec des pièces d'une
authenticité parfaite, de retrouver sans conteste
les détails d'un fait si simple qu'il paraisse. Il
explique comment peuvent se produire, de la
meilleure foi du monde, les interprétations diverses et les différences d'appréciation que l'on
rencontre assez souvent chez les narrateurs d'un
même événement. Il montre aussi qu'un acte
aussi clair que celui du 2 janvier 1376 ne suffi-
sait pas toujours au moyen âge, pour préserver le
possesseur légitime de tous troubles ou empiéte-
ments.

On comprend d'ailleurs les chicanes nées du
désir d'avoir la possession et la jouissance de
la chapelle de la Désirée. Elle était alors en
grande vénération et de nombreux fidèles y venaient chaque année, de toutes les localités voisines et de fort loin, avec la conviction que leur
pèlerinage leur attirerait une foule de faveurs et
de biens, même en ce monde. Les gens de Gagny
amenaient leurs enfants pour les vouer à la
Notre-Dame et ne se seraient pas crus relevés de
leur serment s'ils n'étaient revenus, avant de
faire quitter les habits bleus ou blancs marque
de leur serment, s'agenouiller à nouveau dans
le modeste sanctuaire de la Vierge protectrice.

L'affluence des pèlerins était telle, au XVIᵉ siècle, que de nombreux marchands accourus des

villes voisines s'installaient aux abords du sanctuaire où leur réunion formait une foire d'une
certaine importance.

« J'ai droit, dit la duchesse d'Enville, dans un
« aveu fait au roi en 1771, de faire tenir trois foires :
« l'une le jour de l'Annonciation de la Vierge,
« l'autre le lendemain de Pâques et la troisième
« la veille du jour de saint Georges, au hameau
« de Notre-Dame-la-Désirée, proche le bois du
« Chesnay sur Vétheuil, où il y a une chapelle à
« laquelle tous les lieux circonvoisins et fort éloi-
« gnés ont une particulière dévotion, et se paie,
« les dits jours de foire, à moi ou à mon fermier,
« pour les marchands étalants, cinq sols pour le
« droit d'étalage. Cette chapelle, que les er-
« mites habitaient autrefois, est à présent desser-
« vie par un chapelain que nomment et établis-
« sent les religieux de Saint-Germain-des-Prés
« de Paris. »

C'est à la suite de deux transactions interve-
nues, l'une en 1551 avec Nicolas de Mir et l'autre
en 1665 avec M. de Liancourt, devenu titulaire
de la seigneurie, que les droits perçus à ces foires
furent encaissés par le seigneur. Les religieux
avaient obtenu, en échange, le droit de désigner
les ermites, exercé depuis Henri de Vilemorin
par les sires de Saint-Martin.

Les jours de pèlerinage étaient en réalité jours
de fête pour le hameau et pour la Paroisse tout

entière. Ils contribuaient à la prospérité des habitants en facilitant la vente du vin qui était à
peu près l'unique produit des récoltes en ce
temps-là.

Alors, nous dit en effet la tradition, la Désirée
était entourée de grands bois. Quelques pièces
défrichées par les ancêtres étaient seules en culture ; la vigne croissait autour de la chapelle (1)
et on en tirait un excellent petit vin que les
pèlerins buvaient avec plaisir en prenant quelque repos à l'ombre des vieux chênes (2).

De son côté le chapelain devait être fort satisfait, car le produit des offrandes était devenu
suffisamment élevé pour exciter l'envie du curé
de la paroisse.

En 1458, Jean Fagot « curé de Saint-Martin-de-
« la-Garenne voyant le concours de peuple qui
« venait à la chapelle pour implorer l'assistance
« de la sainte Vierge, prétendit que les offrandes
« devaient lui appartenir, parce qu'elle était
« située dans le territoire de sa paroisse. Sur le
« refus qu'on lui en fit, il intenta procès au Châ-
« telet de Paris, et la recréance fut adjugée aux
« religieux de Saint-Germain. Enfin, par une
« transaction qu'ils firent ensemble toutes les
« offrandes leur restèrent sans exception, à con-

(1) Deux champtiers portent encore le nom de : les Pi-
quettes et les Treilles.
(2) Légende recueillie par Hippolyte Desplanches.

« dition néanmoins qu'ils lui donneraient 40 sols
« tous les ans (1). »

On s'explique malaisément aujourd'hui comment pour 40 sols on pouvait songer à mettre la
magistrature en mouvement et s'exposer aux tri-
bulations d'un procès. Mais les faits que nous
rapportons se passaient en 1458; alors le curé
de Saint-Martin, réduit à la portion congrue, et le
chapelain de la Désirée, obligé de se contenter
des maigres revenus du bénéfice, recherchaient,
avec ardeur, les moindres profits dont la valeur
relative était d'ailleurs beaucoup plus grande.

Afin, sans doute, de supprimer toute cause de
discussion, les religieux de Saint-Germain-des-
Prés finirent par affermer à titre d'emphytéose,
pendant sa vie, au prieur de Saint-Martin-la-
Garenne, la chapelle Notre-Dame-la-Désirée avec
ses dépendances.

Une pétition adressée en 1666 à M. le Grand
Vicaire de Pontoise et du Vexin-les-François, ou
M. son suppléant, indique que l'ardeur des pèle-
rins ne s'était pas refroidie.

« Supplient humblement les prieurs et reli-
« gieux de Saint-Germain-des-Prés de Paris,
« ordre de Saint-Benoît, de vous soumettre que,
« depuis très longtemps, il se voit pratiquer de
« bonnes œuvres de prières et de dévotions dans
« la chapelle vulgairement appelée Notre-Dame-

(1) *Histoire de l'abbaye royale de Saint-Germain-des-Prés*,
par dom Jacques Bouillart.

« la-Désirée, située sur la paroisse de Saint-
« Martin-la-Garenne de votre vicariat, et qu'en
« cette chapelle viennent, de tous côtés et de
« toutes parts, quantité de personnes en pèleri-
« nage pour là présenter leurs prières à Dieu ou
« à la glorieuse Vierge Marie sa mère et actions
« de grâce des faveurs qu'elles obtiennent jour-
« nellement du ciel, et que, pour conserver et
« maintenir, même augmenter le zèle des fidèles
« dans la voie de ces observances de piété et de
« dévotion, notre saint père Alexandre, par la
« Providence divine, pape septième de ce nom,
« avait accordé pour toujours indulgence plé-
« nière et universelle de tous péchés, à tous
« les fidèles de l'un et l'autre sexe qui doréna-
« vant se feraient inscrire sur le livre de la con-
« frérie qu'il vous adresse, Monsieur, pour, par
« votre autorité, sous le nom, vocable et invo-
« cation de la glorieuse vierge Marie de la cha-
« pelle de Notre-Dame-la-Désirée.

« Ce considéré, il vous plaise permettre l'ins-
« titution et établissement de la dite confrérie,
« en la dite chapelle Notre-Dame de la Désirée,
« sous cette condition et conformément aux
« bulles de Notre Saint Père le Pape et autres
« qu'il vous plaira ajouter et approuver, et, ce
« faisant, vous obligerez tous les confrères de
« notre confrérie (1). »

(1) Archives de Seine-et-Oise. Série G, n° 140.

Ce n'était pas l'aspect brillant de l'édifice, ni son caractère architectural qui appelaient l'attention et attiraient les visiteurs. Construction tout à fait ordinaire et couverte en tuiles, la chapelle se distinguait seulement par un clocher surmonté d'un coq en cuivre.

En ce qui concerne l'intérieur, tout sera dit quand nous aurons mentionné les vitraux sur lesquels figuraient les armes des seigneurs de Saint-Martin, et la statue de la Vierge dont l'autel somptueusement orné par de pieuses libéralités contrastait avec le dénuement du rustique abri qui lui servait d'asile.

Pour charmer ses loisirs, le chapelain avait à sa disposition une bibliothèque composée d'une quarantaine de volumes : *La Bible*, l'*Apologie des Evangiles*, la *Vie de saint Augustin*, de *saint Grégoire*, de *saint Gérôme*, de *saint Thomas*, etc. Tous ces livres étaient écrits en latin, sauf un : le *Trésor des Langues françaises et espagnoles*, rédigé en l'idiome de ce dernier pays et venu à la Désirée on ne sait pourquoi ni comment.

La Révolution, en saisissant la chapelle et les biens qui en dépendaient, mit fin à l'ère de prospérité que connut le hameau de la Désirée pendant quatre siècles.

Le chapelain, approuvé par la généralité des gens de Saint-Martin, essaya de sauver son do-

maine en tentant d'enrayer l'exécution des dé-
crets. Il lui fallut s'incliner devant la force dont
on le menaçait.

« Vu par le Directoire le procès-verbal rédigé
« par la municipalité de Saint-Martin-la-Garenne,
« le 6 du présent mois qui constate que les offi-
« ciers municipaux se sont transportés en la cha-
« pelle de Notre-Dame de la Désirée, sise en leur
« paroisse, pour faire descendre, enlever et peser
« les cloches de la dite chapelle à l'effet de les
« faire porter au Directoire. Le sieur Hache,
« chapelain de la dite chapelle, se serait opposé à
« la dite descente et enlèvement des dites cloches.

« Ouï le rapport de M. le Procureur syndic en
« ses conclusions :

« Le Directoire considérant que les cloches de
« la chapelle de Notre-Dame de la Désirée ne
« servent point depuis plusieurs années, autorise
« de nouveau la municipalité de Saint-Martin la
« Garenne à faire enlever les dites cloches, même
« d'employer la force publique contre ceux qui
« pourraient s'opposer au dit enlèvement ; arrête
« en outre le Directoire qu'expédition de la pré-
« sente délibération sera incessamment adressée
« au sieur Hache chapelain de la dite cha-
« pelle (1). »

(1) Extrait du registre des délibérations du Directoire du
district de Mantes, séance du 7 décembre 1791.— Archives
de Seine-et-Oise, série L.

Les cloches furent donc descendues et enlevées, puis la chapelle avec tous les biens en dépendant vendus et dispersés.

La porte du tabernacle de l'autel a été retrouvée en la possession de M. Bitu Alexandre, cultivateur à Vienne-en-Arthies.

3 arpents 90 perches de terres labourables en 5 pièces estimés 1584 livres 16 sols 6 deniers, devinrent, moyennant 2125 francs, la propriété de Georges Mauger, demeurant à la Désirée.

3 arpents de terres labourables sis en l'île, furent acquis 2850 francs par Jean-Baptiste David, demeurant à Lavacourt.

Une maison avec tous les bâtiments et dépendances, cours et jardins clos de murs, le tout contenant 1 arpent plus 30 perches de terre y attenant, passèrent aux mains de François Ducourois, serrurier à Mantes, moyennant 8250 francs.

Enfin 48 perches de terres et 18 perches de vignes furent adjugées 2850 francs à Louis-Ambroise Marigny.

Quant à la statue de la Vierge vénérée, elle fut enlevée par quelques mains pieuses et cachée dans la fontaine avoisinant la chapelle. Elle demeura là durant la tourmente révolutionnaire et, quand il fut possible de la reprendre, la tête et les mains durent être restaurées. On la porta solennellement à Saint-Martin-la-Garenne où elle orne l'un des autels de l'église paroissiale.

Mais elle n'est plus visitée comme autrefois; les pèlerinages, les processions si nombreuses aux siècles précédents ont diminué peu à peu. Vétheuil est actuellement la seule localité qui vienne encore une fois l'an, bannières déployées, s'agenouiller aux pieds de Notre-Dame-la-Désirée.

Cependant, chose digne de remarque parce qu'elle n'est pas commune, la croyance en la Vierge délaissée se retrouve entière et vivace dans le cœur de ceux dont elle a si longtemps assuré la prospérité. C'est toujours à elle qu'ils se recommandent; c'est devant son image qu'ils se prosternent et prient, qu'ils brûlent le cierge, témoignage de leur amour, de leur foi ardente; c'est à elle qu'ils attribuent le mérite des événements heureux, le bienfait de la satisfaction qu'ils éprouvent.

L'Ormeteau

Entre Saint-Martin et Dennemont, à gauche du chemin du Coudray, en quittant la route de Mantes, existait autrefois un gros orme dans le tronc duquel une niche avait été creusée pour abriter la statuette d'un saint. Cet arbre a dû avoir une signification particulière et une certaine importance, car il a donné son nom (l'Ormequiau gros) au champtier sur lequel il était placé et le souvenir en est conservé par les vieux plans terriers.

Le marché au blé

Qu'était-ce que le marché au blé dont l'existence n'est plus révélée que par le nom d'un lieu dit situé le long du chemin de Mantes, au sommet de la côte? Il paraît que c'était là, autrefois, dans les moments de disette, que les distributions et les ventes de grains étaient faites au nom du Roi. Chacun recevait une petite quantité de blé parcimonieusement mesurée avec une cuillère, assure la légende (1) à laquelle nous devons ce détail.

La croix du chemin de la Charielle

Elle est sculptée dans une pierre calcaire de 1^m,65 de hauteur; sur le socle qui a 0^m,35 de haut, se trouve gravée la date de 1763.

La chapelle Saint-Pierre

Placée à la jonction des chemins de Vétheuil et de la Villeneuve, à l'une des extrémités du village, cette chapelle dont la surface est de 10 cen-

(1) Recueillie par Eugène Rossignol.

tiares, est une vieille construction tellement
lézardée qu'elle peut s'écrouler d'un jour à l'autre. Elle était entretenue par la piété des fidèles
et se trouvait autrefois l'objet de beaucoup plus
de soins et d'attentions. On y allait en procession
à certains jours et de grands feux de joie étaient
allumés devant la porte d'entrée le jour de la
Saint-Jean.

Chapelle de Sandrancourt

Cet édifice ne contraste en rien avec les habitations au milieu desquelles il est placé. Il faut
y prendre garde pour remarquer que là est l'a-
sile du recueillement et de la prière. La patronne
du hameau est sainte Anne, dont la fête se célè-
bre solennellement chaque année.

Tout, à l'intérieur, est aussi simple et primitif;
l'autel semble avoir été inspiré par celui de l'é-
glise paroissiale, avec des proportions moindres
et quelques différences dans l'ornementation. A
gauche de l'autel un trait horizontal tracé sur le
mur à environ un mètre du sol, rappelle que les
eaux de la Seine ont débordé jusqu'à cette hauteur le 24 décembre 1740. On voit à la sacristie
une table aux pieds de pierre et un vieux plateau
d'autel en faïence blanche, assez bien conservé,
mais veuf de burettes sur lequel est écrit en
lettres bleues : « Loué soit le très saint sacre-

ment de l'hautel, messire François Legrand (1645). »

Il semble que cette chapelle est de construction fort ancienne. Cependant les seuls documents que nous ayons trouvés à son sujet remontent seulement à la fin du XVIIe siècle. Le plus ancien est un procès-verbal de visite rédigé le 26 juin 1697 par M. Vincent des Marais, grand vicaire et official de Pontoise et du Vexin, qui déclare avoir trouvé l'édifice en bon état (1).

Une cloche, depuis fort longtemps, sonne l'*Angelus* au lever du soleil et appelle au travail, aux offices ou aux réunions publiques.

Il fut dépensé environ 35 livres en 1775 pour la réfection des ferrements du mouton.

Celle qui existe aujourd'hui ne date que d'une trentaine d'années. Son état civil est établi par un procès-verbal conservé aux archives du presbytère de Saint-Martin :

« L'an 1861 j'ai, soussigné curé desservant,
« béni une cloche du poids de deux cent soixante-
« dix livres, nommée Jacqueline par M. Napo-
« léon-Jules, comte Le Marrois, sénateur, et par
« Mme la comtesse Le Marrois, propriétaires du
« château de Rosny, en présence des habi-
« tants du hameau. Signé : Muydeblé Kagou-
« rio. »

Depuis 1753, chacun avait, moyennant une re-

(1) Archives de la préfecture de Seine-et-Oise. G. 64.

devance annuelle de vingt sols, sa place numéro-
tée sur les bancs de la chapelle par suite d'une
convention dont suit l'extrait :

« Nous soussignés, Louis Jérosme, marguillier
« de la chapelle de Sandrancourt, paroisse de
« Saint-Martin-la-Garenne, et autres principaux
« habitants du dit lieu, assemblés tous ensemble
« à la porte de la chapelle, au son de la cloche
« pour délibérer entre eux au sujet des bancs et
« places que chacun des dits habitants doivent
« occuper en ladite chapelle, après en avoir pré-
« venu messire de Carneville, prêtre et curé du
« dit Saint-Martin, qui a verbalement consenti
« aux prétentions des dits habitants, et comme
« aussi messire l'abbé Nicolas Coville, prêtre
« vicaire du dit Sandrancourt pour l'établisse-
« ment du bon ordre, à quoi tous les habitants
« du dit lieu se sont rangés et soumis. Et ont
« même chacun d'eux contribué de leurs deniers
« pour poser des bancs dans la dite chapelle, pour
« que chacun des dits habitants contribuât et
« puisse y avoir chacun leur place, sans y déro-
« roger et héréditairement, après eux leurs héri-
« tiers jouiront sans aucun contredit des dites
« places en payant vingt sols pour le relief de
« la dite chapelle et pour régler et maintenir en
« bon ordre entre les habitants il a été convenu
« entre les dits habitants que chacun d'eux serait
« nommé et enregistré de chacun la place qu'il

« doit occuper par banc et coté et numéroté en
« la manière qui suit...

« Item sont posés en la dite chapelle du côté
« vers le presbytère sept bancs sur lesquels se
« peuvent placer cinq personnes... du côté de la
« sacristie sont placés quatre bancs (1). »

Au produit de cette location s'ajoutait, comme
revenu fixe, le montant des rentes léguées par
divers particuliers (environ 25 livres par an)
mais qui faites, comme on va le voir, à charge
de services religieux, n'étaient pas tout profit
pour la chapelle.

« 1718. — *In nomine Domini*. J'ai, Thomas
« Guerbois, sain de ma pensée et entende-
« ment recongnoissant et moy Anne Sevestre sa
« femme recongnoissant qu'il n'y a rien plus cer-
« tain que la mort ni plus incertain que l'heure
« d'icelle, ne désirant partir de ce monde sans
« avoir disposé de si peu de bien qu'il a plu à
« Dieu de me donner fait et ordonné en mon
« testament et dernière volonté, ainsi qu'il en
« suit : premièrement je recommande à Dieu
« tout puissant mon âme, à Jésus-Christ mon Sau-
« veur, à la glorieuse Vierge Marie, à M. saint
« Martin et à la glorieuse sainte Anne ma pa-
« trone et à tous les saints et saintes du Pa-
« radis, que je supplie être enterré et inhumé
« dans la dite chapelle de Sandrancourt et que

(1) Archives de Seine-et-Oise. G. 929.

« mon intention est, pour la rémission de mes
« fautes, soit dit et célébré deux messes. . . . .
« donnant demi-quartier de pré sis en l'ile (1). . .
　« Fondation faite par Robert Boite et Chardière
« Hotier, sa femme, lesquels ont donné à la
« chapelle de Sainte-Anne 5 livres de rente pour
« entretenir leur lampe allumée fêtes et diman-
« ches durant la messe, et dire deux messes par
« chacun an : l'une le mardy d'après la Sainte-
« Anne 26 juillet, et l'autre le mardy d'après les
« reliques qui est le 30 janvier, à la charge que
« Robert Boite sera enterré dans la dite chapelle.
« Vous tous qui dedans la chapelle de Sainte-
« Anne entrez, priez Dieu pour les trépassés (2),
« etc., etc... »

Les autres ressources à l'aide desquelles il était
pourvu aux frais du culte et à l'entrétien de la
chapelle étaient les quêtes et les dons. Vers 1758
les habitants se cotisèrent pour « le saint Ciboire ». En 1763, Mme la duchesse d'Enville fit
don de 46 livres qui furent employées comme il
est dit au mémoire suivant :

Pour l'ornement de flanelle fleury en rouge, fond
blanc orfroy bleu, fond vert avec l'étolle double,
manipule, bourse et deux voiles pour la chapelle de
Sandrancourt, annexe de Saint Martin proche la
Roche Guyon.

(1) Archives de Seine-et-Oise. G. 929.
(2) Inscription à l'intérieur de la chapelle.

2 aulnes 1/2 de flanel fleury vert et bleu à 55 sous.	6	17	6
3 aulnes 1/2 de flanel fleury rouge et blanche à 55 sous.	9	12	6
2 aulnes 1/2 de bougrand à 32 sous. . .	4	»	»
1 aulne de grosse toile à 18 sous. . . .	»	18	»
1 aulne 3/4 de toile cholette à 32 sous. .	2	16	»
9 aulnes 1/2 de grand galon des 4 couleurs à 10 sous.	4	15	»
1 aulne de petite borde.	5	5	»
1 aulne de moyen ruban.	»	6	»
2 aulnes de grande frange à 10 sous. .	1	»	»
2 aulnes 1/5 de petite frange à 5 sous. .	»	11	3
2 aulnes 1/4 de ruban de fil à 2 sous 6. .	»	6	3
Pour le carton de la bourse.	»	5	»
Pour fils et façons.	9	»	»
De plus j'ai déboursé pour le port de Dreux à Houdan.	»	8	»
Total.	46	»	6

La même année, 46 livres provenant du même généreux donateur servirent à acheter un terrain situé derrière la maison vicariale et qui avait été cédée par Pierre Guérin et Abraham Morin.

L'année suivante, la duchesse d'Enville donne à nouveau un louis (24 livres) qui furent employés de la manière suivante :

Reddition de compte de M. le vicaire pour un louis qu'il a reçu de Mme la duchesse d'Enville.

Il a mis à la sacristie une armoire.	15	»
Il a acheté une nappe d'autel.	4	»
A reporter.	19	»

Report.	19	»
Il a donné à feu la mère Camus	2	»
Il a donné à la mère Suzanne	2	»
Il a acheté 5 abricotiers à la foire de Mantes.	1	4
(1) Total. . .	24	4

Mais, quand ces ressources extraordinaires faisaient défaut, les habitants devaient aviser et prendre l'engagement direct de solder les dépenses nécessaires.

« Nous, soussignés, habitants du hameau de Sandrancourt, paroisse de Saint-Martin-la-Garenne, et Hilaire Bonvallet, maçon, demeurant audit Saint-Martin-la-Garenne, après l'assemblée tenue le dimanche, quatrième novembre après les vespres au son de la cloche, à la manière accoutumée, sommes convenus de ce qui suit savoir que moi, Hilaire Bonvallet, m'oblige à remanier la couverture de la chapelle du dit Sandrancourt de fond en comble, à la relater en neuf, à remettre la chapelle de niveau, à refaire les entablements en neuf et généralement tout ce qui est de la main d'œuvre, moyennant le prix et somme de vingt livres payable aussitôt l'ouvrage faite et visitée par expert, et nous, susdits habitants, nous engageons à payer au dit Hilaire Bonvallet la somme de vingt livres pour sa main d'œuvre, comme il est dit ci dessus et lui four-

(1) Archives de Seine-et-Oise. G. 929.

nir tous les matériaux nécessaires pour la dite réparation ce que nous avons signé et fait double les mêmes jour et an que dessus (1). »

Les marguilliers avaient souvent alors une tâche assez lourde, car l'argent était rare et beaucoup acquittaient leur cotisation en nature. Les quêtes se faisaient d'ailleurs presque toujours à l'issue des récoltes et surtout après la vendange. Chacun donnait un nombre de litres de vin proportionné à sa fortune et à sa générosité.

Les marguilliers, chargés d'écouler tout le liquide recueilli, organisaient à certains jours plusieurs buvettes où le vin, qui n'acquittait pas les droits du fisc, volontairement muet et aveugle ce jour-là, était livré à prix réduits.

C'était fête au hameau, et de tous les villages voisins on venait vider les futailles de la fabrique. Les femmes elles-mêmes toléraient et encourageaient ces libations, car c'était œuvre pie que de monnayer le vin de la chapelle; quiconque se fût abstenu de prendre une pointe de gaieté à cette occasion eût été montré au doigt comme avaricieux et indigne des prières de l'Eglise (2). On assure que le commerce local n'est pas étranger à la suppression de cet antique usage sur les

(1) Archives de Seine-et-Oise. G 929.
(2) Vieil usage rappelé par MM. Renault père et fils, e Sandrancourt.

excès duquel nous demandons à fermer les yeux pour ne voir que le côté réellement utile et original.

Cimetières

Le cimetière de la paroisse s'étendait autrefois sur toute la place qui longe l'église et sur une partie de la grande rue, beaucoup plus .étroite alors. Sa surface totale était de 19 ares 35 centiares.

Un mur à hauteur d'appui l'enfermait dans une clôture demi-circulaire, partant du haut de l'escalier de l'église pour aboutir à l'extrémité du jardin de la maison vicariale. On voyait au milieu une croix taillée dans un monolithe de calcaire fin et dur mesurant 5 mètres de hauteur ; ce spécimen intéressant de l'art du moyen âge a malheureusement été brisé en 1881 par l'entrepreneur chargé des travaux de translation. Sur l'un des débris conservé au presbytère de la paroisse, on lit l'inscription suivante que M. Moussard a moulée par le procédé dont il est l'inventeur et qu'il a ensuite photographiée : Jacques Doublet, Laigne Saunier donna cette croix l'an 1343 (1).

(1) Voir communication de M. Grave au procès-verbal de la Commission des Antiquités et des Arts de Seine-et-Oise. Séance du 18 juillet 1883.

Dans ce champ depuis si longtemps affecté à la sépulture de tous, chaque famille avait sa place distincte, où depuis des siècles, les uns venaient se joindre aux autres pour dormir le sommeil éternel. Un léger tertre, soigneusement entretenu, marquait les tombes sur lesquelles les vivants s'agenouillaient pieusement et déposaient un rameau bénit aux fêtes que l'Église consacre à la mémoire des morts. Point de luxe,

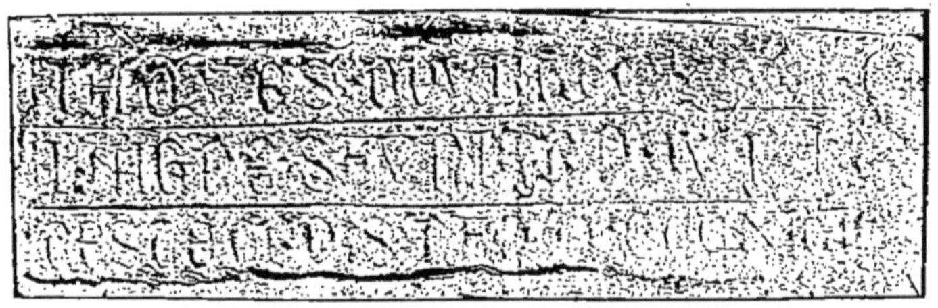

Inscription de la vieille croix de l'ancien cimetière.
(D'après un moulage et une photographie de M. Moussard.)

point de monuments somptueux. Parfois une croix de bois ou de pierre, une dalle à peine dégrossie, toujours la simplicité qui sied si bien à la douleur réelle, aux regrets sincères.

Depuis 1881, tout est changé! Saint-Martin s'est mis à la mode; il possède lui aussi, le long du chemin de Vétheuil, une nécropole dont l'acquisition et l'aménagement lui ont coûté environ 6.000 francs.

Comme à la ville, les monuments s'y multiplient et se couvrent de statuettes, de perles et de fleurs. Certes, la translation du cimetière s'imposait ; en l'effectuant, la municipalité a réalisé une amélioration nécessaire ; mais pourquoi la sobriété d'ornementation d'antan n'a-t-elle pas suivi, pourquoi est-elle demeurée oubliée au champ où reposent les ancêtres?

La commune de Guernes, érigée vers le XIIᵉ siècle en paroisse distincte, eut de bonne heure son cimetière particulier, mais Dennemont fit usage de celui de Saint-Martin jusqu'en 1822. Sandrancourt a tout récemment ouvert un asile pour ses morts, dans un terrain généreusement offert par M. Renoult (Charles-André). Cette création, justifiée par l'éloignement, complète l'organisation du hameau qui a maintenant chapelle, cimetière et école. Elle aura pour résultat d'isoler davantage deux sections de la commune et d'accentuer les tendances séparatistes qui se sont manifestées à diverses reprises.

Ainsi se transforme et s'anéantit chaque jour ce que nous avons aimé dans le passé. Si d'heureuses modifications sont parfois réalisées, nous tremblons que le besoin de changer n'entraîne la disparition d'institutions nées de sentiments pleins de noblesse et de générosité.

De ce nombre étaient les frères de charité, les confréries du Saint-Sacrement nommées aussi, avec plus d'exactitude, les Charités. Elles avaient eu originairement pour but l'assistance réciproque en cas de maladie épidémique et l'inhumation solennelle des morts. « Pendant les « temps des guerres et des pestes du moyen « âge, l'Église fut la grande infirmière de l'Europe. « Par les hôpitaux et les léproseries tenus par ses « religieux, elle venait en aide aux victimes des « maladies, des épidémies et des pestes : elle « donnait asile aux incurables et désespérés. »

« Par les confréries qu'elle instituait et encou- « rageait dans les villes et dans les campagnes, « elle tâchait de donner assistance à tous les « mourants, ensevelissement et inhumation à « tous les morts. »

« Dans notre contrée, ces confréries étaient « nombreuses ; à Mantes, à la Roche-Guyon, à « Vétheuil, à Rosny et à Saint-Martin, elles « étaient depuis longtemps en exercice (1). »

Par elles des relations s'établissaient de village à village au moment des pèlerinages et des pro- cessions. « Le 26 mars, vendredi saint de l'an- « née 1723, dit la chronique de Mantes, la croix « de bois que l'on voit à Notre-Dame-la-Désirée « a été portée par les frères de la Charité de « Mantes. » Qui peut dire combien d'idées de progrès ont été ainsi transmises de proche en proche ?

Tout les habitants : hommes, femmes et enfants du village et des hameaux, font partie de la con-

(1) Emile Rousse.

frérie. Les hommes, répartis en compagnies de dix à douze, sous la présidence d'un prévost, prennent à tour de rôle le service pour une année.

Le costume, le même qu'au moyen âge, se compose d'un bonnet noir, d'une robe de serge noire, d'un rabat blanc, d'un grand col rouge avec patte passant sur l'épaule gauche pour retomber sur la poitrine. Ce col est bordé tout autour d'une frange blanche et orné en son milieu d'un ostensoir en étoffe blanche. L'habillement du clocheteur (le cliqueteux) diffère de celui des autres frères. Son bonnet est rouge et il porte sur sa robe, au lieu et place du col, un vêtement rouge garni de blanc, sur lequel autrefois des ossements en étoffe blanche étaient cousus en croix.

Le « cliqueteux » marche en avant de la compagnie, une clochette dans chaque main, et, balançant les bras en cadence, il sonne un carillon qui n'est pas sans charme malgré son uniformité mélancolique.

Toujours clochettes au vent et revêtu de son costume, il parcourt seul le village, s'arrête aux carrefours pour annoncer les convois funèbres et en indiquer le jour et l'heure. « Ceux, dit-il, « qui assisteront au service auront quarante jours « de pardon, comme il est écrit sur la bulle de « Notre Saint-Père le Pape. Vous direz un *pater* « et un *ave* pour les trépassés. »

Quelques villages des environs ont remplacé « leur charité » par un service des pompes funèbres, diminutif de celui qui fonctionne dans la

Costume des frères de charité. (D'après une phot. de M. Adnot.)

ville voisine. La confrérie de Saint-Martin s'est affaiblie par la défection des gens de Sandrancourt qui ont maintenant une escouade de six porteurs pour le transport de leurs morts.

CHAPITRE IX

Le village. — Les habitants.

On peut encore aujourd'hui se rendre compte
assez aisément de ce que pouvait être un village
au moyen âge et reconstituer, avec une certaine
exactitude, les mœurs et les coutumes de ceux qui
y vivaient.

C'est qu'en effet, si les habitants de nos provinces ont pu survivre aux épreuves réitérées qui
les ont assaillis pendant tant de siècles, ils se
sont retrouvés et sont demeurés jusque vers la
grande Révolution, à peu près ce qu'ils étaient à
l'époque gallo-romaine.

Les progrès de toutes natures sont fils de la
la liberté et de la paix. « Là où manquent ces
deux conditions, il se peut que des hommes vivent, mais ils n'avancent point; les généra-
tions se succèdent, mais sur place, sans se dé-
passer » (1).

De la fréquence du malheur, de l'asservisse-

(1) Guizot, *Histoire de la Civilisation en France*.

ment et de la misère naissent la désespérance, le découragement et l'inertie, d'où découlent l'indifférence à tout bien être, l'inaptitude à rechercher, voire même à comprendre le progrès.

Je me rappelle l'étonnement naïf, la frayeur presque enfantine de nos grands-parents à la vue du chemin de fer, « le brutal », comme ils l'appelaient. Quelques-uns profondément attristés, disaient avec une réelle conviction : « C'est la fin du monde ».

C'était effectivement l'aurore d'une ère nouvelle, toute d'activité, de lumière et de liberté, la fin d'un passé stérile dont les traces auront bientôt entièrement disparu, mais qui, recueillies et rapprochées, vont nous permettre de faire revivre assez facilement Saint-Martin-la-Garenne et ses habitants avant 1789.

Du XIVe au XVIIIe siècle la paroisse est demeurée à peu près sans modification. Les rues du village et des hameaux sont tortueuses et irrégulières ; ici très larges, là tellement étroites qu'on y peut à peine passer. Personne ne les entretient ni ne les nettoie. On les voit en certains endroits défoncées et transformées en véritables cloaques, par les eaux infectes venant des habitations et des fumiers répandus sur le sol des cours.

Les villas romaines, maintenant hôtels seigneuriaux, sont toujours des domaines ruraux avec maison abritant les maîtres du village, mais

elles ont quitté leur air souriant et hospitalier
pour prendre l'aspect morne et défiant des forteresses du moyen âge; elles dressent fièrement
leurs tourelles et leurs toits ardoisés bien au-dessus de l'humble habitation des serfs ou tenanciers, et rendent plus frappant encore l'aspect
misérable des chaumières groupées autour de
l'église et du prieuré, ou jetées çà et là sans
ordre et sans symétrie le long des sentiers.

Ces chaumières, construites en moellon et
silex, comprennent invariablement : l'habitation
de la famille, l'étable, la grange, le toit à porcs,
un cellier et une cave, le tout ouvrant sur cour.
La maison proprement dite, à laquelle on accède
par un escalier en pierre d'une dizaine de marches, est élevée sur sous-sol voûté servant actuellement d'étable, mais où autrefois le vigneron avait ses cuves et fabriquait son vin.

Quelques arbres fruitiers, figuiers, amandiers,
noyers, pommiers, poiriers, cerisiers, abrico-
tiers, sont plantés dans la cour et le jardin peu
étendu qui tient à la maison.

Le logement comprend une pièce unique quelquefois divisée en deux parties par une cloison
légère. En y entrant, la cheminée est ce qui
frappe d'abord les regards. Il n'y en avait pas
dans la maison du paysan gallo-romain. L'âtre
est pavé de pierres plates et élevé de quelques
centimètres au-dessus du plancher formé d'une

aire en terre durcie. C'est tout alentour, abritée
sous le manteau de la cheminée assez vaste pour
contenir plusieurs personnes, que la famille,
accroupie devant un maigre feu de sarments,
lutte péniblement contre le froid et l'humidité.

Ce devrait être aisé cependant, car la maison a

Sabot, étouffoir, briquet et ustensiles divers.

seulement deux baies, mais ces ouvertures sont
mal closes, par une porte à deux vantaux super-
posés et par un contrevent de fenêtre en planches grossièrement assemblées, qui interceptent
la lumière, mais laissent aisément pénétrer l'air
extérieur. L'hiver, on gèle; si, en effet, on veut
voir clair, il faut ouvrir le contrevent de la fenêtre ou la partie haute de la porte, c'est-à-dire se
mettre à peu près dehors. Le châssis de croisée
imaginé un peu plus tard, améliorera la situation

malgré ses vitres semées de gros bouillons res-
semblant à des fonds de bouteilles.

Invariablement, l'ameublement se composait
d'un lit « très vaste à baldaquin où le paysan, sa
femme, ses enfants et même l'étranger qui demandait l'hospitalité, trouvaient aisément place
à la fois (1) ». Une armoire à linge, un buffet
avec dressoir, une grande horloge très enluminée
et quelques escabeaux de bois complétaient le
modeste mobilier de nos pères.

Un peu plus tard, les enfants cessèrent de
partager la couche de leurs parents. Ils eurent un
lit distinct que l'on installait sur le four quand
l'espace faisait défaut dans la maison.

Quelques-uns des meubles et des ustensiles du
ménage étaient d'une simplicité telle que le paysan pouvait les confectionner lui-même.

J'ai sous les yeux un vieux sabot, hors d'usage
comme chaussure, qui est devenu sans grand
effort la boîte étouffoir d'un briquet. L'amadou
était conservé au fond et c'est là qu'on le prenait
afin de le placer sur la pierre à feu, où venaient
l'enflammer les étincelles produites par le choc
du fer ou de l'acier. Pour arrêter la combustion,
on pressait l'amadou, dans le sabot, avec une
planchette munie en son milieu d'un clou servant
de poignée. L'opération terminée, le briquet,
simple morceau de fer, et la pierre à feu, éclat

(1) Rosny-sur-Seine, par l'abbé Thomas.

de silex ramassé dans la plaine, étaient mis sur la planchette comprimant l'amadou et ce nécessaire rustique demeurait sur le manteau de la cheminée à portée de la main.

La meule à aiguiser les outils utilisait aussi un vieux sabot. Deux branches grossièrement équarries et assemblées étaient dressées comme une échelle le long d'un mur. A hauteur convenable, on pratiquait dans chacune d'elles une entaille où l'axe de la meule était introduite et retenue par deux clous recourbés. Le sabot, percé en sa pointe, était fixé sur une traverse au-dessus de la meule; quelques brins de paille placés en son ouverture dirigeaient l'eau et n'en laissaient échapper que la quantité nécessaire à l'émouleur.

A côté d'ustensiles aussi rustiques, on ne saurait s'attendre à trouver une batterie de cuisine bien compliquée. Et en effet, on voit disséminés dans la maison ou accrochés aux murs une grande marmite, un large chaudron qui, suspendus à la crémaillère, servent à préparer les aliments de la famille et la nourriture des bestiaux; une poêle en fer battu et un poêlon en cuivre jaune, tous deux munis d'une queue, longue d'une toise, tout à fait nécessaire pour que la ménagère puisse les maintenir au dessus du feu clair qui pétille et s'élève joyeusement dans la vaste cheminée; une cuillère à pot en bois, sorte d'écuelle emmanchée d'un bâton et une fourchette ou plutôt un croc pour tirer la viande; deux seaux en bois; quelques terrines, enfin cinq ou six pannetons pour préparer le pain et faciliter son transport au four banal.

La vaisselle était à l'avenant. A peu près nulle dans les temps primitifs, elle se composa d'abord de quelques vases en terre cuite ou séchée au soleil, puis d'écuelles et d'ustensiles en bois que leur bon marché fit conserver et que l'on retrouve encore en grande quantité dans toutes maisons ouvrières de la ville ou de la campagne.

Au moyen âge, l'étain se répandit jusque dans les plus petites bourgades et nous avons tous retrouvé, dans la maison de nos ancêtres, des plats ou des pots en ce métal, mais en petit nombre. De temps à autre les ménagères en faisaient fondre une certaine partie pour avoir des cuillères, depuis le moment où la faïence peinte vint par ses vives couleurs flatter leur goût naïf et leur faire rejeter l'étain aux tons gris et tristes.

Il y a un demi-siècle, la presque totalité des maisons de Saint-Martin était encore bâtie et meublée sur ces modèles.

Après avoir décrit, d'après un fabliau du XIIIe siècle et à peu près dans ces termes, la manse ou maison des villageois, M. l'abbé Thomas. dans son intéressante notice (Rosny-sur-Seine), ajoute : « A quelques améliorations près, cet in-

« térieur champêtre du paysan du XIIIe siècle nous
« le retrouvons encore aujourd'hui (1) avec une
« étonnante fidélité dans nombre de localités
« rurales. Il y a seulement 40 ans, le tableau eût

Les hommes se coiffèrent d'un simple bonnet de coton.

« été d'une ressemblance absolue dans la géné-
« ralité de nos villages. »

Le pain était comme aujourd'hui la base de
l'alimentation, mais il n'était pas toujours blanc

(1) 1889.

et savoureux. Aux temps de disette surtout, on employait des farines de qualités inférieures, et celles de blé et de seigle disparaissaient complètement pour faire place à celles d'orge et d'avoine, qui donnaient un pain noir, amer et dur. De la soupe bien maigre, du fromage à la pie, quelques fèves cuites à l'eau, des œufs, composaient le menu le plus ordinaire de la famille. Ce n'était que de temps à autre, pas même tous les dimanches, qu'un morceau de lard s'ajoutait dans la marmite aux plantes potagères. La viande de boucherie était réservée pour les grandes solennités. Quand un proche parent ou un ami venait de loin, on décrochait une andouille de la cheminée où elle était à s'enfumer depuis la mort « du dernier gentilhomme », ou on cassait « la gueule » à un lapin que la ménagère faisait cuire au four en compote entre des tranches de lard. Quel festin, mes bons amis, et quels appétits se révélaient en ces joyeuses circonstances ! Tous ces estomacs longtemps privés et contenus semblaient protester en montrant leur vaillance. Ils se dédommageaient de leur longue abstinence, absorbant avec une débordante satisfaction le mets des grands jours souvent arrosé de l'excellent vin du pays.

Tout à l'heure, en énumérant les ustensiles du ménage, nous avons omis de mentionner le rouet, compagnon indispensable des femmes à cette époque. Filer était à peu près leur unique occupation durant les longues soirées d'hiver. Elles se réunissaient par groupe pour la veillée, toujours tenue dans une étable où aucune dépense de combustible n'était nécessaire. Là, rangées autour d'une chandelle fumeuse que chacune fournissait à son tour, elles travaillaient silencieuses et actives, escomptant déjà la grande aunée de toile à provenir de leur incessant labeur. C'est qu'alors la toile ne servait pas seulement à confectionner le linge de la maison, on en faisait aussi le costume du père, de la mère et des enfants.

Au moyen âge, tous les paysans de France s'habillaient à peu près de même et il ne pouvait en être autrement, puisqu'il était fait « défense aux vilains de porter des vêtements de couleur autre que le bis et le brun, défense d'avoir des manteaux longs, défense surtout de porter des chapeaux (1) ». Ce fut le roi Henri IV qui, supprimant toutes ces défenses, rendit aux gens de la campagne le droit de se vêtir selon leur goût ou leur fantaisie.

La mode en profita pour introduire dans nos provinces des costumes souvent pleins de grâce et qui, par leur diversité, contribuèrent à donner à chacune son caractère propre et son originalité.

(1) C. Delon. *Les Paysans*, histoire d'un village avant la Révolution.

Les habitants de Saint-Martin-la-Garenne semblent avoir suivi l'impulsion venue de Normandie. Comme le roi d'Yvetot, les hommes se coiffèrent d'un simple bonnet de coton, et adoptèrent pour le travail quotidien une blouse et un pantalon de grosse toile écrue ou teinte en bleu, sous laquelle l'hiver, ils passaient un gilet et un pantalon de laine.

On les voyait souvent pieds nus; leurs chaussures, quand ils en portaient, étaient des sabots fort lourds, des gros souliers ferrés ou des chaussons de tordois.

Les dimanches ordinaires, beaucoup se contentaient d'effets de travail fraîchement blanchis; mais aux jours de fête, surtout vers les premières années de ce siècle, tous faisaient toilette : pantalon de drap, habit ou redingote, casquette ou chapeau, souliers plus fins. Les anciens se paraient de leurs costumes de mariage : grand habit blanc sans collet, agrafé sur la poitrine et garni de larges boutons et de poches immenses; les basques fort amples descendaient jusqu'aux jarrets; une culotte courte, sans bretelles, mais retenue au-dessous du genou par des jarretières; enfin des souliers à boucle complétaient cette tenue des grands jours.

Le plus souvent, les femmes se couvraient la tête d'un mouchoir de cotonnade à raies de couleur; elles portaient marmotte : « le bonnet de police du sergent-major », disait un ancien militaire aussi soumis dans ses foyers qu'au régiment. Un second mouchoir placé comme une cornette de religieuse autour de la figure les garantissait des ardeurs du soleil. Le jupon était de grosse

Un second mouchoir placé comme une cornette...

toile écrue ou bleue l'été, de molleton rayé l'hiver; il se portait un peu court, découvrant le bas de la jambe et laissant voir le sabot qui seyait fort bien à nos jeunes élégantes.

Le dimanche, un bonnet nommé Pierrot remplaçait la marmotte; un fichu de soie ou de cotonnade à ramages garnissait les épaules et le corsage; savamment plissé, il était fixé fort bas

entre les deux épaules à l'effet de dégager le cou
orné d'une chaînette d'or supportant un médail-
lon ou une grande croix (1). Un tablier muni de
petites poches d'où s'échappaient les coins d'un
mouchoir de fine toile blanche, des bas noirs
ou bleus, des souliers ou des sabots coquets
tel était le costume sous lequel nos grand'-
mères surent être séduisantes (2).

Ainsi logés, nourris et vêtus, ces braves gens
étaient de vigoureux laboureurs durs à la fatigue,
patients, sobres, âpres au gain. Leur unique
ambition, après avoir satisfait aux exigences
multiples de leurs maîtres nombreux, était d'acquérir un peu de cette terre qu'ils arrosaient
sans relâche de leurs sueurs. La posséder, c'était
en effet tenir indépendance relative et bien-être.
Aussi, comme ils l'aimaient! Si loin qu'il faille
l'aller chercher, si grande que soit la somme
d'efforts qu'elle réclame, ils la désirent et veulent
la conserver quitte à se venger d'elle par des
épithètes qui, somme toute, révèlent plus de
bonne humeur que de dépit : Les Brise-Bras, le
Temps-Perdu, les Loin-de-Boire.

C'est qu'en effet ils n'ont rien à attendre que
de la terre qui seule peut les faire vivre. Quand

(1) Jeannette.

(2) Vers la fin du siècle dernier, les étoffes rouges étaient
fort à la mode. Voir la composition d'un trousseau au **chapitre X, page 145.**

la récolte est mauvaise, quand la vigne, en ce
temps-là, leur principale et à peu près leur seule
culture, demeure improductive et stérile, c'est

Un bonnet nommé Pierrot...

la misère avec toutes ses dures conséquences.
Au contraire, quand les fruits sont abondants,
l'aisance et la joie règnent à la maison et c'est
avec bonheur que chacun supporte sa part des

fatigues journalières d'autant plus nombreuses et pénibles que le grenier et le cellier sont mieux remplis. Le produit des récoltes s'écoule difficilement. Le vin est consommé sur place ou dans les villages des environs; les autres denrées, blé, petits pois et navets doivent être conduits aux marchés voisins. Magny, mais surtout Mantes et la Roche-Guyon, étaient les plus fréquentés de nos aïeux.

« En 1495, des lettres patentes accordées à la demande de Bertin de Silly, établissent deux marchés à Vétheuil; mais Vétheuil ne possédait ni résidence seigneuriale ni baillage et les marchés n'ont pu se soutenir (1) ».

Il y en avait aussi dans diverses villes aux alentours : Houdan, Beauvais, Gisors, etc...; on allait jusqu'à Rouen et Paris.

Nous comprenons difficilement aujourd'hui comment nos pères pouvaient se résigner à aller à pied aussi loin, par tous les temps, sur des chemins affreux poussant devant eux leur âne ou leur cheval. La somme de pois verts ou de navets et les quelques paniers de cerises suspendus aux crochets du bât ne produisaient pas grand'chose, cinq ou six francs au plus. Mais on avait si peu de besoins à la maison! quelques livres étaient alors une grosse ressource. Un

______

(1) EmileRousse. *La Roche-Guyon châtelain, château et bourg.*

acte du 30 août 1762 va nous montrer la difficulté
des affaires commerciales produite, à cette époque
pourtant peu éloignée, par la pauvreté des gens :

« Jean Couturier, demeurant à Guernes re-
« connaît devoir et promet de payer à Landrin,
« marchand de chevaux, demeurant à Saint-Mar-
« tin, et Martin Laurent, de pareil état, demeurant
« à Limay, marchand associé, la somme de trente
« livres pour marchandise d'une cavale sous
« poil noir, qu'ils lui ont vendue et livrée, à la-
« quelle somme de trente livres, lequel Coutu-
« rier a présentement obligé, affecté et hypothé-
« qué tous ses biens, meubles et immeubles
« présents et à venir... (1) »

Que de frais et d'ennuis pour trente livres! Il
fallait que l'argent fût bien rare pour obliger les
gens à employer de tels moyens. Et en effet, nos
grands-pères nous assuraient que même au commencement de ce siècle, il en était ainsi et que
beaucoup d'entre eux n'avaient jamais possédé
de pièces d'or et même n'en avaient jamais vu.

Aussi que de petites supercheries pour se procurer le sou de poche sans éveiller les soupçons
de la ménagère et quelles histoires amusantes
se produisaient parfois.

Le père Breton (dit la Basque), voulant battre
monnaie pour faire figure à l'une des fêtes du

(1) Minutes du Tabellionage de Guernes, étude de Mᵉ
Troque, notaire à la Roche-Guyon.

village, pria une voisine, la femme de Charles Desplanches (Charlot Lapierre) de lui vendre une mine (1) de blé au marché de la Roche-Guyon où elle se rendait. Le même jour Desplanches priait la femme Breton de lui rendre le même service. Mais ce qui rend l'histoire tout à fait drôle, c'est que les deux commères, montées sur leur âne, firent route ensemble, à l'aller comme au retour, devisant gaiement et riant peut-être sous cape du mauvais tour que chacune d'elles jouait à sa voisine sans soupçonner la réciprocité dont elles étaient victimes.

Les habitants de nos villages ne sortaient guère de chez eux que pour se rendre aux marchés ou aux fêtes des localités environnantes.

Parfois, poussés par la croyance ou par le désir de sauver un enfant malade, ils se réunissaient pour aller en pélerinage prier quelque saint renommé dans la contrée. C'était aux Andelys que l'on se rendait pour invoquer sainte Clotilde en faveur des enfants souffrants ou malingres; un grand bateau remontait la Seine jusqu'à Saint-Martin et desservait toutes les localités en aval pour l'aller et le retour. A part ces sorties extraordinaires, et bien que l'on puisse dire à ce sujet, jusque vers 1850, beaucoup n'avaient pas quitté la contrée. Pour eux, mais surtout pour

(1) Trois boisseaux.

·les femmes, les villes du même département, Ram-
bouillet par exemple, était au bout du monde :
« C'est par delà le pain, » me disait une vieille

Costumes des habitants de Guernes.

parente. Aussi, combien, même au commencement de ce siècle, comme le vieux méridional
qui mourut sans avoir vu Carcassonne, ont quitté
cette terre sans s'être rendus à Paris où à Versailles !

D'ailleurs, c'est seulement vers la moitié du
XIX⁰ siècle que les moyens de communication et
de transport devinrent sûrs, commodes et rapides.

Pour voyager autrefois, il fallait avoir beaucoup de temps et posséder en outre une mon-
ture, et fort peu de cultivateurs pouvaient en
acquérir. En l'an VIII, malgré les progrès déjà
réalisés, il n'y avait encore que 59 chevaux et
mulets à Saint-Martin pour une population d'environ 1.000 habitants.

De plus, il n'aurait pas été prudent de s'aven-
turer par les chemins presque impraticables et
sans sécurité que l'on avait alors. On eût fort
risqué d'être mis à pied par les détrousseurs de
grand'route ou de s'exposer à beaucoup plus
triste aventure.

Presque toujours le voyageur était obligé de
recourir aux moyens de transports entretenus
par les seigneurs ou leurs fermiers. En effet,
soit sur terre, soit sur eau, le châtelain avait seul
droit de voiturer les marchandises et les gens.
A la limite de chaque domaine, on devait changer de véhicule et acquitter de nouveaux
droits.

Pour passer la rivière, le pont de Mantes existait en amont, car sa construction paraît remonter
à une haute antiquité; mais en aval, il n'y en
avait pas à portée; celui de la Roche-Guyon ne fut

construit qu'en 1838. D'ailleurs la rivière était
au seigneur comme les terres, les routes et l'air.

Habitants de Saint-Martin (le costume de femme date de 1830).
(D'après une photographie de M. Adnot.)

« M'appartient, dit la duchesse d'Enville, la
« rivière de Seine dans toute l'étendue ci-devant
« désignée, droit d'établir des gords, bacs, ports,

« passages aux lieux où je juge à propos pour la
« commodité publique.

« J'ai un bac et des bateaux pour passer du
« port de la Roche-Guyon à celui de la Vacherie,
« du côté du pays chartrain...

« Au port de Vétheuil, des bateaux pour passer
« à Lavacourt, aussi du côté du pays chartrain...

« Au port de Mousseaux, des bateaux pour
« passer du dit port à celui de Sandrancourt qui
« est le Vexin...

« Au port de Rolleboise, aussi des bateaux
« pour passer du dit lieu au port de Flicourt qui
« est le Vexin...

« Au port de Gloton, autres bateaux pour pas-
« ser à Bonnières.

« Il y a aussi un port passeur à Tripleval, un
« à Bennecourt et un autre à Villez.

« Je commets et baille à ferme à personne ca-
« pable le droit de voiturer les marchandises qui
« se voiturent des dits ports sur la rivière, soit
« au marché de la Roche-Guyon ou autres lieux
« éloignés sans qu'aucun autre de ceux qui sont
« préposés ou qui tiennent à ferme les dites voi-
« tures ports et passages puissent voiturer et
« repasser aucune personne ou marchandise à
« peine de confiscation de leurs batelets et de
« l'amende. Peuvent néanmoins les habitants
« du dit duché et châtellenie qui ont des îles et
« rivières dans l'étendue de la dite rivière, avoir

« batelets pour aller à leurs îles, arrivant leurs
« foins, gaules et osiers, et pour leur usage
« seulement, laquelle permission ne leur a été
« ci-devant accordée ou ne leur est continuée
« que tant et si longuement qu'il me plaira.

« J'ai droit et suis en possession de temps im-
« mémorial d'avoir des bateliers en mon port de
« Rolleboise, pour voiturer du dit port à celui de
« Poissy, les personnes qui se trouvent à mon dit
« port à l'exclusion de tous les autres... Pour
« exercer les dits droits de voiture, j'ai deux ga-
« liotes à mon port de Rolleboise pour voiturer
« du dit port à celui de Poissy, les personnes et
« marchandises qui se présentent au dit port de
« Rolleboise dont l'une part régulièrement à dix
« heures du soir, et l'autre une fois seulement
« par chaque semaine, le mercredi veille du
« marché de Poissy, pour porter au dit marché
« les veaux et autres marchandises qu'on y veut
« faire conduire quelquefois.

« Cependant, dans des cas extraordinaires
« quand il est besoin pour le service du public,
« on fait partir cette dernière dans d'autres jours
« que le mercredi. »

Il en était de même pour se diriger vers Rouen.

« J'ai aussi droit de voiture par eau de Bon-
« nières au Roule et à Balançon et du dit lieu
« lieu du Roule à Bonnières au port desquels
« lieux de Bonnières et du Roule j'ai des bate-

« liers pour voiturer de l'un à l'autre port les
« personnes et marchandises qui s'y présentent. »

C'était ainsi en 1771 après la formation du duché de la Roche-Guyon qui fut toujours aux
mains de seigneurs bons, humains, bienveillants
pour leurs villages, mais qu'était-ce un siècle
auparavant!

D'après la chronique de Mantes, le 19 mai 1613
le coche de Mantes à Paris fut installé chez le
nommé Robert Lhuistre, hôtel de l'*Agnus Dei*
place de l'Etape. Deux siècles avant la Révolution, ce fut, avec la galiote et les fourgons
d'Evreux, les seuls moyens auxquels il était
possible de recourir pour voyager.

La galiote « peinte en vert, la vieille galiote
des nourrices normandes » (1) lutta longtemps
contre ses concurrents; les bateaux à vapeur ne
purent la vaincre (1838-1840). Elle ne s'inclina
que devant le chemin de fer. C'est que ce moyen
de locomotion était peu coûteux et que nos ancêtres, loin de fuir et de redouter la présence
des nourrices, se trouvaient parfois obligés de
les accompagner pour leur donner aide et assistance. Beaucoup de nos grand'mères, en effet,
se chargèrent d'allaiter et d'élever des enfants
de commerçants et bourgeois de Paris. Les registres de l'état-civil qui nous l'apprennent si-

(1) A. Egron. Essais sur le département de Seine-et-
Oise.

VUE DES TRAVAUX DU PONT DE MANTES,
à la fin de Septembre 1764.

gnalent aussi la présence de nombreux enfants trouvés venus de la capitale et l'existence de pourvoyeurs, notamment en la personne d'un nommé Pierre Hébert auquel il est donné la qualification de meneur en second.

La mortalité fut parfois grande sur ces enfants : 12 moururent en 1783, 46 en 1784, 27 en 1785 et 33 en 1786 (1).

L'exercice de cette profession apportait quelque argent à la maison et contribuait à la prospérité du ménage.

Tant que les moyens de communication furent lents, la culture fut limitée à la vigne et aux céréales. Les primeurs, petits pois et asperges, qui font aujourd'hui la richesse du pays, n'auraient rien produit en ce temps-là, par suite de l'impossibilité où l'on était de les écouler.

Nos pères, jusque vers la première moitié de ce siècle, pour utiliser leur activité et gagner un peu, « montaient sur Paris » au moment de la façon des vignes et de la moisson. Argenteuil en voyait un certain nombre tous les ans, et bien des relations amicales dont quelques-unes persistent encore, sont nées ainsi entre patrons et ouvriers.

De leur ancien isolement, les gens de Saint-Martin avaient conservé une bonhomie qui les rendait accueillants et hospitaliers. D'un autre

____

(1) Recherches faites sur les registres de l'état-civil de Saint-Martin-la-Garenne, par M. Fouèt, instituteur.

côté, le lourd pressoir banal réclamant beaucoup de bras, les obligeait à se voir, à s'entr'aider et à s'aimer. On rencontre rarement autant d'union chez les habitants d'un village. Un parent, un ami venait-il au pays, tous les voisins, le verre en main, fêtaient son heureuse arrivée et chacun à son tour tenait « à tirer une potée » de vin clairet en son honneur.

C'était toujours plusieurs ensemble qu'ils se rendaient aux fêtes des environs. Le plaisir de ces excellentes gens était de trinquer et d'écouter les histoires qu'on leur racontait. De temps à autre une réflexion inattendue, de tournure originale, venait achever l'épanouissement de toutes ces figures joyeuses. « Tu n'peux p'u met'd'blouse, t'faut un pal'tot », déclarait un jour l'un d'eux à un ami chez lequel il avait bien dîné.

Au cabaret, un silence un peu prolongé annonçait que la bouteille et les verres étaient vides, mais aussi que l'heure de la retraite n'avait pas encore sonné. « On s'enn va t'i? » finissait par questionner l'un d'eux, et, après un silence, tout le monde reconnaissait qu'on boirait « ben ocore eune bouteille. » La scène se reproduisait nombre de fois, et, aux grands jours, c'était avec l'aurore que les plus sages rentraient chez eux.

CHAPITRE X

Jeux; Fêtes

La position topographique du village rendant rares et difficiles les relations avec l'extérieur, nos pères avaient pris l'habitude de vivre entre eux et ils saisissaient avec empressement l'occasion de rompre par des divertissements, la monotonie de l'existence. Tout était prétexte à réjouissances et l'on honorait alors une foule de saints que la vie moderne, plus mouvementée, fait négliger et ne tardera pas à plonger dans l'oubli; aussi est-il intéressant de noter les fêtes particulières au pays et surtout celles qui présentent quelque originalité.

Le dimanche, quand le temps était beau, les hommes, assemblés sur la place du village, jouaient au *sas*, sorte de paume qui fut longtemps en vogue dans toute la contrée et qui actuellement est encore en usage à Sandrancourt.

A la fête des rois, ceux qui, en tirant leur part du gâteau traditionnel, avaient été favorisés par le sort, ne manquaient jamais d'assister à la messe le dimanche suivant et de se rendre à l'offrande. Ils se paraient ainsi publiquement de leur royauté éphémère.

Comme partout, les jours gras étaient célébérs à table et le verre en main. Tu viendras nous voir à Carême prenant, se disait-on au cours de l'année, j' f'rons des chiffes (crêpes).

On aurait été confus, si sans excuse de bon aloi, on avait manqué la grand'messe des Rameaux. Au retour, le chef de famille prenait un morceau à la branche de buis bénit rapportée par chacun des siens, et formait une croix qu'il clouait sur la grande porte de la maison.

En l'absence des cloches parties à Rome, selon le dire populaire, les enfants étaient chargés d'annoncer les offices. Ils parcouraient les rues du village munis de cliquettes en bois qu'ils agitaient sans relâche, heureux de cette mission bruyante dont ils escomptaient le plaisir bien longtemps à l'avance.

Le 1er mai, les jeunes gens plaçaient un rameau, un mai, sur le toit ou à la porte des jeunes filles. Beaucoup de médisance avec un grain de malice, tel était en résumé cet usage qui n'a pas encore entièrement disparu. Le rameau changeait de nature suivant la renommée des personnes auxquelles il était offert. Le lilas était le symbole d'une bonne conduite ; le chou éveillait le doute ; le peuplier rappelait la maternité avant le mariage ; le marronnier signalait la demoiselle négligée par celui que son cœur eût préféré l'épine était le lot des beautés peu aimables ; enfin, outrage suprême, le bouleau stigmatisait les malheureuses dignes d'être fouettées pour leur caractère acariâtre.

Un mariage.

En ce temps-là, les garçons et les filles de Saint-Martin s'établissaient rarement au loin. C'était toujours au village ou dans les localités voisines qu'ils rencontraient « chaussure à leur pied ». Bien que se connaissant depuis l'enfance, les jeunes gens se fréquentaient parfois fort longtemps ; ils se voyaient le dimanche au bal où riches et pauvres se trouvaient réunis et confondus. Les unions les plus inattendues se contractaient quelquefois à la suite de dédains presque injurieux et les bonnes femmes ne manquaient pas de dire à cette occasion : « C'est toujours la viande que l'on méprise que l'on met dans son panier ». Quand enfin la résolution était définitive, les parents de part et d'autre en avaient avis et se livraient à un examen attentif des convenances, en se plaçant surtout au point de vue des intérêts matériels.

L'épouse apportait divers meubles et un trousseau dont la valeur et le nombre variaient fort peu et qui à la fin du siècle dernier comprenait :

Un lit de plumes, un matelas, une couverture de laine, un tour de lit simple avec le ciel de lit, le tout estimé, y compris le traversin et les deux oreillers. . . . . 158 livr.

Dix-huit aulnes de toile servant à faire les chemises à trente sols l'aune fait. . . . . 27 »

Quarante-deux aulnes de toile pour faire les draps à une livre dix sols l'aulne fait. . . . . 63 »

Huit aulnes de toiles pour les nappes à trente sols fait. . . . . . 12 »

Six serviettes de toile élimée, six de toile neuve estimées à vingt sols. 12 »

Sept aulnes de toile pour servir tant à un sac, une besace, un tablier et manches de toile à trente sols l'aulne fait.. . . . . 10 livr. 10 s.

Un habillement complet noir estimé. . . . . 24 »

Deux tabliers rouge estimés. . . 14 » 10 s.

Un juste et une cote de coton, avec les bas de coton estimés. . . . . 15 »

Une cote de serge rouge estimée. 20 »

Une cote de toile estimée. . . . 8 »

Une chemisette et un corps de droguet avec une petite cote rouge estimés . . . . 15 »

A reporter. . . . . 379 **livres**

Report.	379 livres
Une armoire en bois estimée. .	40 »
Une vache estimée.	40 »
Une cassette garnie de menu linge estimée.	10 »
	469 livres (1)

Les lopins de terre dont se composait la dot de chacun des futurs étaient comptés, évalués et comparés, et quand des différences apparaissaient on discutait, on demandait des compensations. Il en résultait des tiraillements, un marchandage qui souvent durait bien des jours. Quand après s'être ainsi pesé, on se trouvait de poids à peu près égaux, l'affaire était conclue et on procédait aux cérémonies préliminaires du mariage, qui ont eu souvent pour résultat de rapprocher des parents qu'un malentendu séparait.

La demande en mariage était présentée d'ordinaire un jeudi. Le père du prétendant accompagné de ses plus proches parents allait au domicile de la jeune fille où, solennellement, il demandait sa main à la famille réunie.

Deux jours après, la réponse, « les bonnes nouvelles », comme on disait alors, étaient portées, avec le même cérémonial, chez le futur époux.

(1) D'après diverses estimations datées de la fin du siècle dernier, ce total pouvait varier de 350 à 500 francs.

Dès le lendemain qui se trouvait un dimanche,
les accordailles avaient lieu ; « les amoureux »
et leurs mères se rendaient à Mantes pour acheter quelques bijoux qui, dans la pensée de tous,
devaient sceller l'accord intervenu et « empêcher
qu'ça s'défasse ». Le nombre et la richesse de
ces bijoux variaient selon la situation de fortune, mais ils comprenaient toujours au moins
une chaine de montre, une alliance et des ba-
gues.

Afin de clore joyeusement chacune des trois
journées, un grand dîner avait lieu alternativement dans l'une et l'autre maison.

Un quatrième dîner, dit des fiançailles, était
donné la veille de la cérémonie finale.

C'était presque invariablement un lundi que se
célébrait le mariage. On peut dire que le village
en entier s'associait à la fête. Il lui aurait été
difficile, d'ailleurs, de demeurer indifférent au
milieu du mouvement et des éclats joyeux se
substituant au calme et à la tranquillité de chaque jour.

Dès l'aurore, les jeunes gens de la noce vont
de maison en maison précédés du « violoneux »,
prier les parents et amis de venir sans cérémonie,
en tenue journalière, prendre leur part d'un premier déjeuner.

Afin, sans doute, de mettre leurs invités en
appétit, la jeunesse s'est munie d'une bouteille

de vin qui sans se vider donnera indéfiniment à boire. Nulle magie cependant ; la juvénile cohorte prend simplement soin de combler les vides à mesure qu'ils se produisent et aux dépens de la cave des gens qu'elle visite.

Au bruit des allées et venues, tout s'anime et s'agite ; les femmes, mettant à profit les indiscrétions de la couturière ou des bonnes amies, critiquent déjà la toilette de la mariée ; les hommes fourbissent les armes avec lesquelles ils feront parler la poudre sur le passage du cortège nuptial afin d'avoir droit aux libations offertes par le marié.

Vers onze heures du matin, les parents et les amis du futur se réunissent, en grande toilette et se rendent précédés du « crin-crin » au domicile de la fiancée qui attend au milieu des siens.

Mais, chose étrange, au bruit qui se rapproche, la porte a été close. Le père du futur, qui journellement s'introduit sans cérémonie et sans gêne, s'arrête, frappe, et ne pénètre à l'intérieur que quand on lui a dit d'entrer. Il s'avance alors, chapeau bas, vers son compère et lui dit : « Nous « venons vous demander si vous êtes toujours « dans les mêmes intentions, si ce qui nous a « été promis est à notre disposition. » Sur la réponse affirmative qui est faite, on se serre la main, on s'embrasse et les deux familles, après avoir vidé quelques pots de vin, se disposent à sortir chacun donnant le bras à sa chacune.

A ce moment, le père de la future ayant dit à haute voix : « Parrain, faites votre devoir ». Celui-ci s'avance et offre à sa filleule le bout d'une serviette ou d'un mouchoir dont il tient l'autre extrémité, et c'est ainsi qu'il conduira la mariée à l'église d'abord, et dans la salle du festin ensuite.

Pendant la messe les jeunes gens quêtent, achètent du sucre et préparent du vin chaud, qui sera offert sur le porche à l'issue de la cérémonie religieuse.

On se rend ensuite dans la salle du festin où se trouve préparés, sur une table recouverte d'une nappe, une soupière pleine de potage, deux cuillères et un plat. Les nouveaux époux prennent chacun une cuillerée de soupe et leurs cuillères passent ensuite de mains en mains; chaque invité mange comme ont fait les mariés, puis s'approche du plat sur lequel il dépose une pièce de monnaie pour « les étrennes ».

Le plat circule ensuite et chacun y met une nouvelle offrande pour « les épingles ».

Ces collectes sont actuellement remplacées par les cadeaux que les jeunes filles et les dames font en commun ou isolément. C'est peut-être une amélioration pour le décorum, mais le vieil usage assurait quelques ressources au jeune ménage qui trop souvent se trouve dénué de tout,

ayant dépensé en réceptions les quelques écono-
mies faites antérieurement.

Le dîner avait lieu dans une grange tapissée
de draps ou de lés de toile ornés de fleurs
et de feuillage, mais bien mal éclairée par des
chandelles fumeuses, dont le suif coulait et se
répandait sur les nappes de grosse toile écrue.

Dans certaines familles, le nouvel époux servait à table au lieu d'y prendre place comme
convive, allusion solennelle au devoir de l'homme
marié tenu désormais de prendre sa part des
plus humbles travaux domestiques.

Après avoir bu en mangant pendant trois et
quatre heures, on se disposait à boire en chantant.

A ce moment les jeunes filles venaient en
groupe offrir des dragées en des vases enruban-
nés parmi lesquels figurait, barbouillé de mou-
tarde, le récipient qu'une femme soigneuse cache
et qu'une Anglaise prude ne nomme pas. L'une
des jeunes filles disait la chanson si connue :

« Nous venons, Madame la Mariée,
« Nous venons pour vous offrir nos vœux... »

Souvent la chanteuse présentait une soupière
de laquelle plusieurs pigeons parés de rubans
s'échappaient dès que la mariée levait le couver-
cle. Cette scène gracieuse provoquait le rire des
gros malins de l'endroit, qui ne manquaient jamais d'expliquer à leur façon la signification du
symbole.

Quand la faim et la soif robustes des invités étaient satisfaites, on se rendait au bal, car, si manger, chanter et boire étaient le plaisir de l'âge mûr, se promener et danser étaient le bonheur de la jeunesse.

Les époux prenaient part à tous les ébats de leurs amis et souvent plus longtemps qu'ils ne l'auraient désiré. Durant la première journée, la mariée, absolument captive, était sous la garde de tous ceux, sans exception, qui avaient l'honneur de la conduire ou de la faire danser. Quiconque se la laissait enlever était tenu à rançon et c'était un jeu pour la jeunesse, surtout durant le bal, de chercher à tromper la surveillance du cavalier de la mariée.

Les nouveaux époux passaient rarement chez eux la première nuit de leurs noces ; ils demandaient asile dans le village, mais parvenaient difficilement, tant ils étaient observés à éviter la visite plus qu'indiscrète que les jeunes gens venaient leur faire jusque dans leur chambre.

Ce sans-gêne, qui n'était pas du goût de tous, cédait parfois le pas au cérémonial suivant. Une heure après le départ des nouveaux époux, les jeunes gens venaient frapper à la porte de la chambre nuptiale et chantaient un complet auquel la mariée répondait.

La porte s'ouvrait ensuite et les jeunes gens offraient le vin chaud que l'on absorbait en échangeant quelques gais propos. C'était ce que l'on appelait le Chandeau.

Comme il n'y a jamais eu de belle fête sans lendemain, la noce ne se terminait pas ainsi, elle durait plusieurs jours et souvent, à la fin de la semaine, quelques intrépides festoyaient encore.

Dès le matin de la seconde journée, les jeunes garçons, qui avaient dansé jusqu'au jour, faisaient comme la veille le tour du village. Le droit de pillage leur était dévolu, et, cette fois, ce n'était pas au vin qu'ils s'en prenaient, mais aux victuailles. Tout leur était bon : une glane d'oignons, un morceau de lard, une andouille. L'un d'eux enfilait la récolte en un long bâton en forme de pique qu'il portait sur l'épaule. Le lait était aussi recherché pour préparer la soupe.

Le produit de ce maraudage permettait à la jeunesse d'apprêter le premier repas du matin.

A l'issue de la messe d'actions de grâces, deux jeunes gens prenaient la mariée sur leurs épaules, la portaient devant la croix, où, en présence des gens de la noce, les époux se juraient une fidélité réciproque ; le cortège se rendait ensuite à la porte des marchands de vin, où l'un des assistants disait fort sérieusement à la mariée : « Levez la main, Madame, et promettez de n'aller jamais chercher votre mari au cabaret ». Avec un fort grand sérieux aussi, la mariée promettait, mais tenait bien rarement sa promesse.

Cet usage bizarre a été pratiqué la dernière fois à Saint-Martin, en 1837. La mariée étant d'un poids énorme, les jeunes gens ont reculé devant la tâche qui leur incombait.

CHAPITRE XI

Administration communale. — Instruction primaire

Superstitions.

Nous avons fait remarquer déjà (1) le titre de
Maire pris par l'un des témoins à l'acte de donation des terres du prieuré. C'est là, il n'en faut
pas douter, une qualification purement honori-
fique; nous aurions tort d'y attacher une autre
signification, et surtout de vouloir en conclure
qu'en 1081, notre paroisse était érigée en commune et dotée d'une municipalité. On se demande
d'ailleurs ce que le maire aurait eu à administrer dans une localité où rien n'appartenait à la
communauté des habitants.

L'église, le presbytère, la maison vicariale
étaient la propriété des moines de l'abbaye du
Bec.

Les chemins, les rues et carrefours faisaient
aussi partie du domaine prieural. « Monsieur
l'abbé du Bec et le prieur de Saint-Martin sont

(1) Page 10.

reconnus en possession des chemins et voiries...
ils ont titres, chartes et enseignements dont ils
firent apparaître alors, ce qui fut reconnu par les
officiers du roi (1) ».

Rien d'ailleurs ne révèle à Saint-Martin l'existence d'une volonté active agissant dans l'intérêt
de tous. Nous avons vu au contraire le délabrement de l'église et nous connaissons le triste état
dans lequel étaient laissées les voies publiques.

Ce fait était vrai encore, dans une large mesure,
au commencement de ce siècle, et nous n'avons
qu'à choisir parmi les légendes du passé, pour en
trouver nombre de preuves.

Des vignerons de Saint-Martin conduisaient, à
Fontenay-Saint-Père, quelques feuillettes de vin
placées sur une charrette. La côte avait été aisément gravie, mais, au milieu de la forêt, impossible d'avancer. Si nous disons que les droits
de transit n'avaient pas été acquittés, on comprendra qu'il fallait se hâter; toute minute per-
due augmentait les chances d'être pris; le fisc
est sévère aujourd'hui, mais il l'était davantage
alors et on risquait beaucoup plus. Aussi, la peur
troublant toutes les têtes, on ne s'expliquait pas
comment le satané cheval, qui s'était tiré d'affaire
dans la montée, se trouvait arrêté tout à coup
en chemin plat; bien sûr quelque mauvais sort

(1) Sentence arbitrale de 1491. Chartrier de la Roche-
Guyon.

enchaînait la voiture!... Au lieu de voir et d'agir, on écoutait les bruits d'alentour et le moindre souffle dans le feuillage achevait de paralyser les gens. Cependant l'un des assistants, plus rassis sans doute, se rappela qu'en pareil cas, pour chasser l'esprit malin, les anciens conseillaient d'atteler la voiture à l'envers. Il paraît que cette fois encore le stratagème réussit. Le char, ramené sur ses pas, put sortir de l'ornière où sans doute il était tenu simplement embourbé, et tout marcha à souhait.

Le brave ami qui me conta cette histoire, la tenait de ses grands-parents, devant lesquels il n'aurait fallu ni sourire ni élever de doutes. Il semble que l'hérédité ravivait, parfois chez nos pères certains germes de la naïve timidité de nos ancêtres, habitués de longue main à tout souffrir en silence. Chaque fois que ceux-ci avaient voulu se redresser, la main puissante, qui les tenait courbés, les avait abaissés plus encore. N'était-il pas préférable de laisser faire? C'est ainsi que les gens de Saint-Martin avaient vu le prieur s'emparer du ruisseau le long duquel le village avait été bâti.

Originairement, ce cours d'eau, dont la source se trouve au hameau de la Désirée, descendait à ciel ouvert le long du chemin, et formait en divers endroits du village, des mares où chacun venait puiser et faire boire le bétail. Il contour-

nait l'ancien cimetière et rejoignait la Seine par
la grande rue, la chapelle Saint-Pierre et le hameau de la Villeneuve. Ses eaux durent être cap-
tées très anciennement, car, dans les fouilles effectuées aux abords de son lit, on trouve constamment de nombreux tuyaux en terre cuite ou en
grès, dont quelques-uns sont d'un âge fort res-
pectable. Ce sont certainement les moines, qui,
pour préserver l'eau des pertes par infiltration
ou évaporation, effectuèrent les premiers travaux.
Ils trouvèrent naturel d'amener l'eau au monastère d'abord et de ne rendre aux habitants que
ce qui n'était pas nécessaire à leur usage. On lit
dans la désignation faite en 1791 pour arriver à
la vente du prieuré de Saint-Martin-la-Garenne :
« La maison prieurale... dans laquelle arrive un
courant d'eau provenant d'une source située dans
la montagne de la Désirée... (1) ».

En 1852, les possesseurs de l'ancien prieuré
obtinrent le jugement suivant contre la commune, qui prétendait modifier l'exercice de leur
droit d'usage :

« Attendu que le jardin des demandeurs faisait autrefois partie du prieuré de Saint-Martin-
la-Garenne; que ce prieuré, vendu comme bien
national, par les administrateurs du district de
Mantes, a été acquis, suivant procès-verbal du 16

(1) Affiches. Ventes de biens nationaux. Archives de
Seine-et-Oise.

juin 1792, par le précédent propriétaire, avec le droit de jouir, pendant un temps déterminé, de l'eau de la fontaine de Saint-Martin, à la charge de la prendre à l'endroit même où aboutit encore aujourd'hui la conduite... (1) ».

La communauté des habitants n'avait donc aucune propriété à administrer ni à gérer. et pouvait fort bien se passer d'une municipalité. On va voir du reste que lorsqu'il y eut à régler quelques intérêts communs, ce furent non pas des officiers municipaux, mais, comme partout ailleurs, les marguilliers et les notables habitants qui furent chargés de ce soin.

On lit dans un procès-verbal daté de 1664 : « La voûte du chœur étant tombée a été réédifiée et aux cours des travaux, les dits marguilliers et habitants s'advisèrent de faire mettre des verres blancs au lieu de vitraux peints afin de donner plus de lumière au chœur ».

Un procès-verbal de 1764 est ainsi conçu : « Aujourd'hui vingt-troisième jour de juillet, se sont assemblés au son de la cloche, les habitants du hameau de Sandrancourt, pour être présents et ont signé ci-dessous la reddition du compte de Denis Guibert, cy devant marguillier de la chapelle Sainte-Anne, patronne du hameau (2). »

---

(1) Jugement rendu le 2 novembre 1852 par le juge de paix de Limay. Archives de Seine-et-Oise.
(2) Archives de Seine-et-Oise, G. 929.

« Nous soussignés, est-il écrit en un marché
« de 1779 pour la réparation de la chapelle, ha-
« bitants du hameau de Sandrancourt, paroisse
« de Saint-Martin-la-Garenne, et Hilaire-Beau-
« vallet après l'assemblée tenue le dimanche
« quatrième novembre, après les vêpres, au son
« de la cloche, à la manière accoutumée, sommes
« convenues... etc... (1) ».

L'ignorance profonde des populations, et le
peu de latitude qui leur était laissée empêchè-
rent ces assemblées de porter rapidement les
fruits que l'on pouvait en attendre.

Dans les paroisses, le curé seul s'occupait
de l'enseignement primaire, qu'il organisait selon
ses vues, avec ses propres ressources, ou celles
que de bonnes âmes avaient mises pour cet objet
à sa disposition.

Un procès-verbal, relatant la visite faite en
1746 de l'église de Saint-Martin, indique, parmi
les charges de la cure 40 livres, pour le traitement annuel du maître d'école.

A ce maigre traitement s'ajoutait, il est vrai,
une mensualité, mais bien faible autrefois, puisque, même au commencement de ce siècle, elle
n'était que de 25 centimes pour les enfants ne
sachant pas lire, de 50 à 75 centimes pour ceux
qui commençaient à écrire. Si on observe que
cette rétribution n'était pas toujours servie exac-

(1) Archives de Seine-et-Oise, G. 929.

tement par toutes les familles, on comprendra,
pour le modeste éducateur, la nécessité de
cumuler les emplois.

J'ai en ma possession un reçu de censives duquel
il résulte qu'en 1775 le maître d'école de Saint-
Martin, qui s'appelait Ovièvre, était le collecteur
de M. le Prieur. A notre époque, l'instituteur est
encore sonneur de cloches, remonteur d'horlo-
ges, chantre à l'église, écrivain public, géomètre,
secrétaire de mairie, etc., etc.

Ces nombreuses sources de produits se trouvant encore insuffisantes au temps passé, on dut
autoriser l'infortuné magister à quêter de porte
en porte des dons en nature et même en argent.

Tous les dimanches, M. le Maître sortait un
panier au bras, un bénitier à la main; il entrait
dans chaque maison en présentant le goupillon
que chacun touchait du bout du doigt; après
avoir pris l'eau bénite et fait comme tous le
signe de croix, il psalmodiait de sa voix grave
et triste : « *Asperges me, Domine, hyssopo et mun-
dabor : lavabis me et super nivem dealbabor.* »
Les villageois mettaient soit un œuf ou deux
dans le panier, soit quelque menue monnaie
au fond du bénitier.

Après la taille des vignes, nouvelle quête pour
recueillir des sarments employés comme bour-
rées dans les pays vignobles.

Enfin lors du pressurage des raisins sortant de

la cuve, le Maître se présentait aux pressoirs, où on lui donnait de 6 à 10 litres de vin par marc. Sa collecte pouvait au total produire de 2 à 3 muids.

L'implacable nécessité obligea nos instituteurs à subir ces usages jusqu'en 1875, époque à laquelle disparurent enfin les derniers vestiges de ces coutumes d'un autre âge.

Une école de filles avait été créée à Saint-Martin en 1712, par Nicolas Baudry, alors curé, qui fit don à la paroisse d'une rente de 80 livres sur l'Hôtel de Ville de Paris, afin d'établir une place de « maîtresse d'école pour l'instruction « des jeunes filles, dont les sieurs curés du dit « lieu seraient les administrateurs, et auraient la « faculté de faire choix des maîtresses. » Comme condition de cette donation, il fut stipulé que les demoiselles Barbe et Anne Baudry resteraient et se succéderaient comme maîtresses d'école ; que de plus les dites maîtresses seraient « tenues « et obligées de prier et faire prier Dieu, tous les « jours à la fin de chaque classe, toutes les filles « qui viendraient à la dite école pour le repos de « l'âme du dit « défunt » et de ses parents et « amis, comme aussi de conduire leurs dites « escollières. tous les premiers vendredis de « chaque mois sur sa fosse, où elles feraient dire « les sept psaumes pénitentiaux (1) ».

(1) Archives de Seine-et-Oise. G 929.

L'école, installée dans une propriété d'une superficie de 37 perches 1/2, près la chapelle Saint-Pierre, est ainsi désignée, dans un bail à cens du 16 mars 1712, consenti par Athanase de Gouay, prêtre-docteur en Sorbonne et prieur de Saint-Martin-la-Garenne; d'un côté Jacques Guerbois, d'autre côté François Barnabé Dubot; d'un bout le citoyen Bréval et d'autre bout le chemin de Vétheuil (1). Les charges imposées étaient de payer cinq sols de nouveau cens, de faire faire les frais et dépenses de la réédification et rétablissement des dits biens... et faire prier Dieu par les petites écolières tant pour mon dit sieur Gouay leur bienfaiteur que M^r son successeur (2).

Malgré les protestations énergiques de la municipalité faisant observer : que la maison avait été donnée pour servir d'école et avait toujours été affectée à cet usage; que l'aliéner c'était priver la commune d'un établissement public d'une indispensable nécessité eu égard à sa population; la maison, saisie comme bien ecclésiastique, fut vendue le 23 fructidor an VI, pour 1083 francs (3).

Rien ne nous apprend où fut installée la première école de garçons. L'école mixte qui existe

(1) Archives de Seine-et-Oise. Série 9, n° 2502.
(2) Archives de Seine-et-Oise. Série 9 n° 2502.
  Archives de Seine-et-Oise, G 929.

aujourd'hui a été bâtie en 1853 et a coûté 7.297
francs qui ont été payés de la manière suivante :

Fonds communaux. 5.497
Secours (1) 1.800
                     Total 7.297

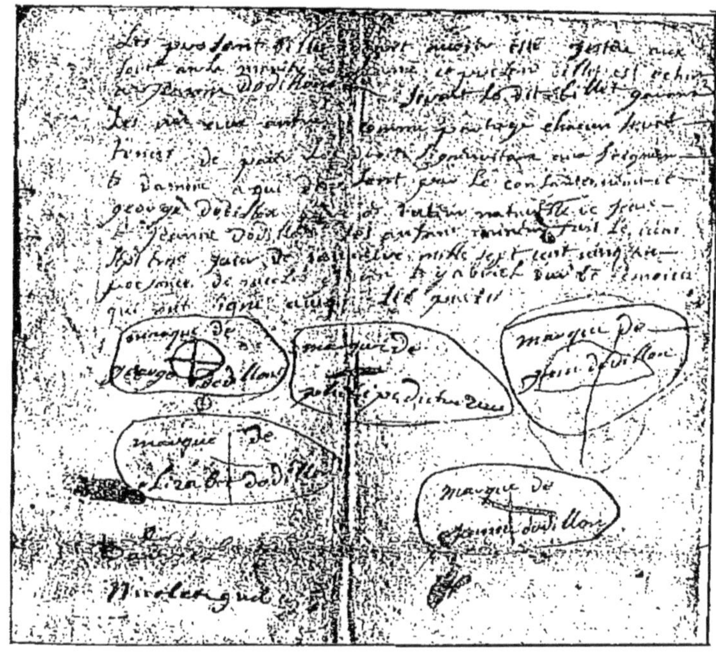

Comment signaient nos pères.

Sa superficie, bâtiments, cour et jardin, est
de 2 ares 85 centiares (2). Une salle au premier
étage est aménagée pour servir de mairie.

(1) Archives de Seine-et-Oise.
(2) Inventaire des Archives communales.

La précédente école se trouvait au fond de l'impasse habitée aujourd'hui par la famille Pierrot. Elle était insuffisante et le manque d'espace rendant toute amélioration impossible, on la vendit par adjudication en 1859 sur la mise à prix de 450 francs (1).

Ce qui précède permet d'affirmer que des efforts furent faits autrefois pour répandre l'instruction dans notre village; mais le petit nombre d'hommes et surtout de femmes sachant lire et écrire, au commencement du siècle, oblige à reconnaître que ces efforts furent insuffisants ou inefficaces. En effet, à de bien rares exceptions près, les gens de Saint-Martin devaient, au lieu de signature qu'ils ne savaient pas donner, apposer sur les actes des croix, ou comme ils disaient « des sines » aux formes les plus variées : ancres marines, rosaces, cadres quadrillés, zig-zag, lettres majeures romaines, etc., etc. Pour s'y reconnaître, le tabellion enveloppait la marque de chacun dans un trait de plume où il inscrivait le nom du signataire.

L'état d'ignorance rendait les gens crédules à l'excès. Bien entendu, nos pères croyaient aux revenants, aux sorciers, aux bons et aux mauvais génies. Ils étaient superstitieux et affirmaient, de bonne foi, avoir été témoins d'histoires

____

(1) Archives de Seine-et-Oise.

que leur seule imagination troublée leur faisait
considérer comme vraies. Des gens se sont plaints
de soufflets reçus, de revenants montés « à cali-
fourchon » sur leur dos ; une bonne femme,
faisant son pain, fuit tout à coup affirmant que
« tout grouille dans sa huche ». La mère d'une
de mes amies avait le souvenir très net que ses
père et mère, ayant acheté une maison au Coudray, ne purent l'habiter parce qu'elle était
hantée par les esprits ; étions-nous dans la maison, disait-elle, on frappait à la porte de la
grange, et si nous nous rendions là, le bruit se
produisait au grenier. Sur le conseil du curé, on
fit dire une messe du Saint-Esprit, mais sans
résultat ; il fallut se résigner à quitter la maison
et à la vendre aux meilleures conditions possibles
en de telles circonstances. Comme les esprits n'en
demandaient pas davantage, ils ne se montrèrent
plus. Les esprits frappeurs se révélèrent aussi à
Sandrancourt, dans une cave encore désignée
sous le nom de la cave *au cogneux*. Mais là on
soupçonna que le propriétaire avare avait imaginé le stratagème pour écarter les voleurs.

Les jeteurs de sort, les gens au mauvais œil
étaient aussi fort redoutés. En ce temps-là, il y
eut au Herville un malheureux fermier dont tous
les veaux mouraient. Un érudit du pays prétendit
qu'il était facile de conjurer le mauvais sort.
« Faudra tuer le premier veau qui s'ra malade,

dit-il, lui ouvrir le ventre et lui arracher le cœur. Encore chaud, fendre ce cœur en deux, puis, après lui avoir enfoncé des clous partout, le mettre au four bien chauffé à cet effet. L'envoûteur sera tout aussitôt couvert d'autant de maux qu'y aura d'clous dans l'cœur du veau et il s'ra si souffrant qui viendra frapper à votre porte pour demander grâce; mais gardez-vous bien de lui ouvrir, ça s'rait à recommencer ». D'après la légende tout se passa comme il est dit et le malheureux sorcier mourut dévoré par les ulcères dont son corps fut couvert.

Durant la nuit, des farfadets, des bêtes étranges erraient dans les champs, et malheur à qui les rencontrait. On m'a rebattu les oreilles de mille contes plus invraisemblables les uns que les autres. La bête du pré d'Auber qui se présentait sous les formes les plus diverses : sac d'écus, bijoux, bêtes de prix, démons, etc., etc., était surtout l'effroi des gens de la paroisse. Elle se campait parfois sur le dos des gens et les faisait marcher toute la nuit; au point du jour, il fallait, bien qu'exténué, revenir au point de départ. « Ramène-moi où tu m'as pris », disait rudement la bête à ceux qu'elle avait fascinés...

Une nuit entre autres elle se présenta sous forme d'un beau cheval doux et empêtré dans sa longe; un homme de Guernes prit aisément l'animal et l'amena dans son écurie; mais à peine enfermé, fit un tel tapage qu'il fallut le sortir et le ramener où il avait été trouvé.

A côté des méchants esprits, il y avait les bons génies, les moyens propres à se garantir du mal. Les tisons du feu de la Saint-Jean garantissaient de la foudre.

A Sandrancourt, quand un orage grondait, on courait à la chapelle mettre la cloche en branle, et on sonnait à toute volée tant que le tonnerre se faisait entendre. Une voix disait alors dans la nue : « pousse, pousse », mais il lui était aussitôt répondu : « je n'peux pas, Anne (1) sonne. » Et jamais un orage ne fut pernicieux, tant que la voix de la cloche se fit entendre.

Il ne faudrait pas croire pourtant que nos ancêtres étaient sans intelligence, et surtout qu'ils étaient dépourvus d'énergie. Habitués à souffrir, ils enduraient longuement, mais le réveil était parfois dur à celui qui l'avait provoqué.

Un nommé Bellan de Saint-Martin était « scéier » de l'orge dès le point du jour. Pour échapper à la dîme il se hâtait de lier les gerbes moissonnées, afin de les rentrer à la maison avant le lever du soleil. La bête des prés garnis venant à se montrer, le malheureux prit peur et s'enfuit. « Tu n'es qu'un sot, lui dit son frère, demain j'irai avec toi et nous verrons bien ». Et en effet, les deux Bellan se rendirent au champ d'orge la nuit sui-

(1) La patronne de la chapelle.

vante ; leurs femmes, craignant quelque malheur, avaient voulu les accompagner. A peine ils étaient à l'ouvrage, que le monstre sort des bois de la Désirée et s'avance traînant des chaînes qui s'entrechoquent bruyamment « berli, berlo, cli, cla »; les femmes se jettent dans les bras de leurs maris et veulent les entraîner, mais l'aîné des Bellan se dégage, laisse approcher l'être mystérieux, et saisissant un solide gourdin dont il s'est muni, frappe à tour de bras et sans relâche. Le monstre, surpris par cette réception à laquelle la stupeur habituelle des gens ne l'avait pas accoutumé, tombe à genoux et se prend à crier grâce d'une voix lamentable. On dépouille l'animal de son suaire et on reconnaît un habitant de la Désirée, Jean Ragot dit la Lippe, que le chapelain payait, dit-on, pour effrayer les paysans et les empêcher, en rentrant clandestinement leurs récoltes, de le priver de la dixième gerbe lui revenant.

Quand vint le Grand Réveil de 1789, nos pères bien que surpris ne furent point déconcertés. Ils désignèrent Jean Bellan, Charles Breton l'aîné, tous deux vignerons, et Pierre Nattier, tonnelier, pour porter leurs doléances à Magny, chef-lieu du bailliage. Ces trois délégués avaient pouvoirs suffisants pour « proposer, remontrer, aviser et consentir tout ce qui peut concerner les besoins de l'État, la réforme des abus, l'établissement

d'un ordre fixe et durable dans toutes les parties
de l'administration, la prospérité du royaume et
le bien de tous et de chacun des sujets de Sa Majesté (1). »

Il nous paraît intéressant de donner en son
entier le texte du cahier des doléances rédigé
par les notables : « Tous nés Français ou natu-
ralisés âgés de vingt-cinq ans, compris dans le
rôle des impositions, habitants de cette paroisse
composée de deux cent cinquante-cinq feux » (2).

Cahier de doléances, plaintes et remontrances

que présentent les habitants de la paroisse de
Saint-Martin-la-Garenne, conformément aux lettres de convocation du Roy, du 24 janvier 1789
et à l'ordonnance de Monsieur Le Grand Bailly
d'épée et son Lieutenant de Magny, du 20 février 1789.

Les habitants de la dite paroisse de Saint-
Martin-la-Garenne, très soumis sujets, ne trouvent rien de plus précieux que de donner une
preuve sincère de leur obéissance, et regardent
comme un vœu sacré de leur devoir de contribuer à soutenir la puissance de leur souverain,
et de le rendre redoutable à toutes les nations.

(1) Procès-verbal de l'Assemblée de la communauté et
paroisse de Saint-Martin-la-Garenne (11 mars 1789).
(2) *Idem.*

Leur désir serait de pouvoir subvenir à tous les besoins de l'État, mais comme les impôts que Sa Majesté est obligée de demander à tous ses sujets, ont été versés sur la plus faible partie, ils espèrent sur l'amour et la clémence de leur souverain, à développer au sérieux toutes les charges dont ils ont à supporter le poids.

Mais avant que d'entrer dans un détail si profond, nous demandons instamment à toute cette illustre assemblée, qu'il soit fait des prières journellement dans toute l'étendue de ce bailliage, en attendant cette solennelle assemblée, afin que Dieu, par sa puissante bonté, prolonge les jours précieux du Roy et de toute la famille Royale, et ceux de M. de Necker; de faire entrer, dans l'esprit de nos puissants seigneurs, de se mettre avec nous pour ne faire qu'un seul impôt qui remédie à tous les besoins de l'État, et que nos fidèles députés, animés du désir de se rendre l'appui du trône et le soutien de l'État, s'efforcent d'en découvrir tous les moyens les plus efficaces, puisque c'est ici le temps où Sa Majesté permet à tous ses sujets de représenter tous leurs besoins.

Quant à vous, dignes et respectés prélats, vous qui êtes le soutien de notre Sainte Religion, les colonnes de l'Église, soyez touchés d'humanité et de compassion de voir soupirer la nation du Tiers-État sous le poids de ses impôts. Nous n'avons ni grandeur, ni dignité, mais cependant nous sommes hommes, comme vous, créés à l'image et ressemblance de Dieu. Nous ne demandons pas que vous partagiez avec nous toutes nos peines, mais au moins de les diminuer, vous qui possédez la plus grande partie du Royaume par vos dîmes et biens fonds. Nous ne demandons pas à supprimer cette coutume qui est fondée dès la première naissance; nous demandons la réforme de vos décimes, et que vous formiez un nouvel impôt proportionné à vos biens pour satisfaire aux besoins de l'État. C'est de vous, puissants seigneurs, que nous espérons que vont être l'organisation et l'applaudissement des justes remontrances qui vont être faites par nos fidèles députés, pour être portées jusqu'au pied du trône. C'est de vous même, suivant le bon espoir que nous avons de vos bonnes intentions, qui vont demander que l'impôt territorial soit approuvé, que vos grandeurs et autorités cèdent à votre humanité.

« 1° Nous demandons en premier lieu que tous les droits d'aides soient supprimés, cette communauté à charge à l'État est nuisible à la culture et à la nation où tout le peuple gémit sous le poids de leurs injustices;

« 2° Que tous les impôts de la taille et accessoires et dîme et vingtièmes et corvées soient supprimés et qu'il soit fait un nouvel impôt sur tous les biens du royaume, tant en terres, vignes, prés, pâtures et bois, à la proportion de leur valeur;

« 3° Que le sel et le tabac soient diminués à la moitié de ce qu'ils coûtent à présent et que la culture en soit permise en tous endroits;

« 4° Que les milices provinciales soient supprimées, cet objet si nuisible à la culture et qui dérange la jeunesse, et si à charge aux familles qui y sont assujetties, et qu'il soit remplacé par un des moyens qui ont été présentés à Sa Majesté;

5° « Que tous les droits de rivières, travers courtages et bailliages soient supprimé,s afin d'étendre la facilité du commerce;

« 6° Que toutes seigneuries, fiefs, soient assujettis à payer les dommages que leur gibier pourrait avoir fait, et que les juges des lieux soient autorisés à faire faire un rapport par experts qui seront nommés par eux d'office et que sur les rapports des dits experts ils en jugent définitivement ».

Ce document peint mieux que tous les longs discours l'état d'esprit de nos pères. Il les montre craintifs, enveloppant leurs plaintes et remontrances de la forme humble et soumise à laquelle les a pliés leur long servage; mais il révèle aussi des hommes ayant conscience de ce qu'ils sont, sachant fort bien ce qui les gêne et ce qui pourrait amoindrir leurs souffrances;

des hommes enfin, levant timidement la tête, mais sûrs de leur droit en demandant qu'une part des charges de l'État soit imposée à des frères affranchis jusqu'ici par d'injustes priviléges.

CHAPITRE XII

Géologie, Culture, Gibier

Le territoire de Saint-Martin-la-Garenne est compris dans le bassin de Paris. Il dépend du plateau de craie qui forme toute la haute Normandie, la Picardie et la Champagne.

« Au début de l'âge quaternaire, celui que les géologues ont si bien nommé le diluvium... une grande irruption des eaux venue du sud-est sillonne tout le bassin de Paris. Elle a laissé partout des traces sur son passage, d'abord en creusant le lit de la Seine, puis en donnant aux collines et aux buttes leur direction principale » (1).

La craie, qui constitue le fond de la vallée, s'élève par endroits très haut sur les bords du fleuve ; elle compose les falaises qui règnent entre Vétheuil et La Roche-Guyon.

Dans les parties basses, le long de la Seine, les eaux diluviennes ont recouvert la craie d'une

(1) L. Simonin, *Histoire de la terre, origines, métamorphoses du globe.*

couche de terrains de transports composée
« de débris arrachés à toutes les couches ter-
tiaires à tous les étages de la craie et au terrain
jurassique (1) ». « Elles ont semé partout des
débris énormes de roches aux arêtes vives et
intactes, tant les transports ont été violents et
rapides. Quelques-unes de ces roches proviennent
des cimes granitiques du Morvan, d'où le déluge
semble être parti. D'autres ont été arrachées à
des lieux plus voisins ; ce sont des meulières de
Meudon ou de Fontainebleau (2) ».

Les terrains de transport ont une épaisseur
fort variable ; on y rencontre une grande quantité de cailloux, du silex presque toujours, qui
souvent empâte encore des fossiles originaires
des terrains crétacés (3).

Originairement, ces cailloux devaient être en
quantité énorme ; ramassés patiemment pour
permettre la culture du sol et déposés sur « la
têtée » des héritages, ils ont formé les murgers
qui existaient encore il y a une vingtaine d'années sur tous les points du territoire. Moins d'un
quart de siècle a suffi pour que ces amas importants aient été broyés et réduits en poussière sur
nos routes et sur nos chemins vicinaux. Leur

(1) De Sénarmont. Géologie de Seine-et-Oise.
(2) Idem.
(3) Les plus fréquemment rencontrés sont des échino-
dermes, des bélemnites, des térébratules, des spondyles,
etc.

disparition a augmenté la surface des terres en culture, mais elle a fait perdre au paysage beaucoup de pittoresque et d'originalité.

Dans la côte de la Désirée, la craie s'élève beaucoup moins haut. Si on y creusait un puits, on trouverait la craie tout à fait au fond, à quelques mètres au-dessus du niveau de la Seine, et successivement en remontant :

« 1° Un poudingue à ciment argileux formé de fragments de craie et surtout de silex; ce poudingue a une épaisseur variable.

« 2° 9 à 10 mètres d'argiles assez pures, grises, rouges ou vertes;

« 3° 1 à 2 mètres de lignites impurs ou de sables pyriteux noirs;

« 4° 1 mètre environ d'argiles feuilletées jaunes ou verdâtres qui enveloppent des coquilles fluviatiles et marines. Les premières sont ordinairement décomposées et à l'état pulvérulent; elles paraissent en général se trouver au-dessous des secondes et se rapprocher des sables noirs.

« 5° 2 à 3 mètres de sables siliceux plus ou moins grossiers, jaunes, rougeâtres, violets, qui renferment souvent des feuillets d'argile et des silex roulés. Ceux-ci, de couleur noire, sont ordinairement de la grosseur d'une amande ou au plus d'une noix, et paraissant provenir de la craie (1) ».

(1) De Senarmont.

Il est peu d'enfants à Saint-Martin et à Vétheuil qui n'aient pas ramassé de ces cailloux ou « pipotes ».

Cette cinquième division du sol nous place un peu au-dessous du hameau de la Désirée où se rencontrent les premières assises du terrain tertiaire et notamment un banc de calcaire grossier, blanc et suffisamment compact pour être utilisé comme pierre de taille.

« Les bois situés au sommet et qui s'étendent jusqu'à Fontenay-Saint-Père végètent sur un sol de gravier siliceux enveloppé d'une terre rougeâtre, maigre et ferrugineuse. Ce terrain de transport n'est pas le même que celui des bords de la Seine. Il est toujours situé à un niveau plus élevé. On ne le trouve guère que sur les plateaux qui s'avancent en forme de caps dans les anses produites par les sinuosités de la rivière (1) ».

Ces faits géologiques expliquent divers événements qui ont eu lieu dans la commune et ont permis l'exercice de quelques industries maintenant abandonnées pour la plupart.

« Le canton de Limay, dit M. Armand Cassan (2), quoiqu'il renferme moins de carrières que le canton de Magny, ne laisse pas d'en offrir quelques-unes assez considérables, mais la qualité

(1) De Senarmont.
(2) Statistique de l'arrondissement de Mantes.

des pierres, il faut le dire, est inférieure à celle des pierres de Chérence et de Vétheuil. Les meilleures de ce canton se tirent à la Désirée, commune de Saint-Martin-la-Garenne, et à Juziers. »

Le cadastre confirme cette indication et atteste que l'exploitation de la pierre à bâtir a dû avoir autrefois une certaine importance. Il porte, section B de la Désirée : « Le Clos de la carrière ». D'un autre côté, on sait à Saint-Martin que le port au vin, section A, est indiqué aussi sous le nom de la pierre à Garré. Pierre Garré exploitait l'une des carrières de la Désirée et expédiait à Rouen, par la Seine, les blocs extraits qui devaient servir à la construction d'un pont. L'une des pierres descendues de la Désirée, par suite d'une fausse manœuvre, tomba sur la rive où elle demeura fort longtemps. En se promenant, on disait : « Allons jusqu'à la pierre à Garré », et le nom est resté à l'endroit.

On voit encore aujourd'hui derrière le hameau des excavations qui marquent la place des anciennes carrières. Le nom de maison « du mangeux de chats » donné à l'une d'elles fait connaître suffisamment qu'elles sont abandonnées et ont parfois servi d'asile à des miséreux.

On put croire un instant que la Désirée deviendrait un centre industriel important. « Aux côtes dites les marais sous le Chainet, dépendant de la paroisse de Saint-Martin-la-Garenne, le sieur Légier des Moulins et Cie tirèrent en 1733 et 1734 une matière noire et combustible dont quelques morceaux furent éprouvés avec assez de succès par le maréchal du lieu ».

« Au mois d'avril 1748 le sieur Bovet de Sainte-Croix a obtenu la permission d'y fouiller encore (1) ».

Il y a un demi-siècle, malgré ces tentatives infructueuses, des personnes sérieuses prétendirent avoir découvert à la Désirée un important gisement de houille. Ce n'était malheureusement qu'une illusion. Une galerie de reconnaissance longue de 7 à 8 mètres fut ouverte au flanc de la montagne ; plus tard un puits fut creusé à quelques mètres de profondeur et « l'on reconnut que la prétendue couche de houille n'était qu'un banc de lignite appartenant à l'argile plastique. . . .

Ce lignite bitumeux et un peu pyriteux renfermait parfois de petits fragments à facettes noires et brillantes qui sont alors de véritables jayets, mais n'ont aucune analogie avec la houille et n'en sont aucunement l'indice (2) ».

(1) Extrait de la *Fonte des mines et des fonderies*,— traduit de l'allemand par Hellot (vol. in-4, 1750) au chapitre de l'état des mines du royaume distribuées par province (Ile-de-France).Voir aussi *Journal des Mines*, messidor an III. Observations sur la prétendue mine de charbon de terre dite de la Désirée, commune de Saint-Martin-la-Garenne, district de Saint-Martin, par le citoyen Déodat Delomieux.

(2) Rapport de M. P. de Saint-Brice, ingénieur en chef des mines (24 septembre 1839). — Archives de Seine-et-Oise.

Un échantillon du prétendu combustible, trouvé au fond d'un puits de recherches, fut remis par M. l'Ingénieur ordinaire au laboratoire de l'École des mines à Paris. Il donna à l'analyse les résultats suivants :

$$
\begin{array}{ll}
\text{Carbone} \dots\dots\dots & 12\ \%\\
\text{Matières volatiles.} \ . & 40\ \%\\
\text{Cendres (1)} \ \dots\dots & 48\ \%
\end{array}
$$

M. l'Ingénieur en concluait que « semblable composition rend cette matière absolument impropre à servir de combustible applicable à l'industrie. Ce lignite impur paraît former sur un point de la commune de Saint-Martin-la-Garenne une couche ayant moins de 0^m30 d'épaisseur, ayant pour toit et pour mur des couches sans consistance et par conséquent tout à fait inexploitables . . . . Un terrain de près d'un hectare a été entièrement ravagé et une conduite d'eau de Saint-Martin-la-Garenne interceptée sans que ni les propriétaires ni la commune aient été indemnisés.

» Nous ajouterons en outre qu'il y aurait d'autant moins espoir à fonder sur un développement ultérieur des travaux de recherches que . . . . . . précisément sur ce point, l'on a déjà

(1) **M.** de Senarmont pense que les cendres laissées après l'incinération par quelques échantillons de ce lignite paraissent susceptibles de servir de pouzzolane artificielle.

dépensé sans fruit, en 1834, une vingtaine de mille francs (1). »

Un de nos concitoyens, qui ne connaît certes pas ces conclusions précises et décevantes, effectue actuellement des fouilles avec une persévérance née d'une conviction profonde. Peut-être cherche-t-il toute autre chose que du charbon! Il ne nous a pas dit ses espérances, et du reste son œuvre n'étant pas encore du domaine de l'histoire, n'appartient qu'à lui.

Est-ce pour décourager les chercheurs en leur montrant qu'elle ne cache rien de précieux dans son sein, qu'en 1849 la côte de la Désirée s'est ouverte? La partie détachée, d'un cube de 300 mètres environ, m'a-t-on dit, après avoir glissé lentement sur sa base, s'est renversée et a recouvert les terrains inférieurs des débris de sa masse énorme. Cet événement qui, au moment où il arriva, a pu donner quelques inquiétudes, se produisit entre la Désirée et Saint-Martin, lieu dit la Barbouillère. Il est dû au mode de superposition de couches constitutives du sol.

On a remarqué qu'immédiatement au-dessus de la craie, se trouve une masse d'argile atteignant parfois jusqu'à dix mètres d'épaisseur. Il a suffi que la base de cette assise ait été amollie par des infiltrations pour perdre sa stabilité et glisser sur le sous-sol imperméable et solide sur

(1) Rapport du 2 septembre 1850. — Archives de S.-et-O.

lequel elle repose. Quant aux infiltrations, elles pouvaient provenir du plateau supérieur et aussi des nombreuses failles, des vastes fissures que l'on voit sur la colline et que l'on nommait autrefois dans le pays « l's'ambîmes ».

L'importante couche d'argile plastique, cause de l'événement que nous venons de rappeler, a été exploitée à diverses époques.

En 1845, elle servit à faire des creusets. La fabrique se trouvait à la Villeneuve; quelques spécimens des produits obtenus se rencontrent encore. Ils portent la mention : M. Cerisier, fabricant à Saint-Martin-la-Garenne (S.-et-O.) S. G. D. G.

Actuellement on l'extrait en grande quantité du lieu dit le Hutret, pour la fabrique de chaux de Dennemont.

Au point de vue agricole, le sol de Saint-Martin-la-Garenne est généralement silico-sablonneux. De bonne qualité sur le bord de la Seine et sur le versant de certaines collines, il est quelquefois si pauvre, si peu productif, qu'il demeure en friche et que personne n'en veut, même au seul prix des frais d'actes.

Les bois qui se voient aujourd'hui dans la plaine n'existaient pas autrefois. Il y avait à leur place une grande étendue de terres incultes avec quelques groupes d'arbres disséminés, une garenne qui, comme nous l'avons déjà dit, avait originairement donné son nom à l'une des villas, puis au village de Saint-Martin.

A la fin du XVIIe siècle, les bosquets de bois étaient rares depuis Sandrancourt jusqu'à Saint-Martin-la-Garenne. Presque toute cette plaine, comme l'indiquent quelques-unes des localités, paraissait n'être qu'une vaste garenne déboisée par les lapins et bordée par des collines crayeuses, arides ou plantées en vignes (1). Elle était d'ailleurs morcelée comme le reste du territoire. La réunion des parcelles a été effectuée de 1638 à 1772 par les ducs de la Roche-Guyon, au moyen d'échanges avec les cultivateurs propriétaires; c'est ensuite qu'ont été effectuées les plantations de chênes et de bouleaux (2).

Signalons en passant que peu de cultivateurs étaient autrefois en situation de trouver sur leurs terres le bois de chauffage nécessaire à leur consommation. Toutes les forêts avoisinantes étaient possédées par le roi ou les seigneurs, et les pauvres gens de Saint-Martin seraient morts de froid au moyen âge, sans les tolérances qui leur furent alors accordées. Le vicomte Hilduin a aussi donné aux moines cette coutume, dans son

(1) Émile Rousse.
(2) On trouve au Chartrier de la Roche-Guyon une liasse volumineuse des actes intervenus pour régler ces échanges. De nombreux doubles de ces actes existent aussi dans les familles.

bois d'Herville, « de prendre ce qui leur sera nécessaire pour brûler, faire hayes ou clôtures, excepté qu'ils ne doivent rien donner ou vendre; ceux qui demeurent chez les moines, qui tiennent des masures, ou à Saint-Martin, ou au Couldré prendront du bois mort, partout où ils en trouveront, dans le bois du vicomte, excepté dans la forêt; que si les serviteurs du vicomte trouvent les domestiques des moines portant quelque chose du dit bois et qu'ils prennent leurs charges, ils ne les doivent porter qu'à Saint-Martin ou au Couldré ou à Herville, et ni les moines, ni les hommes ne doivent plaider de cela sinon à un de ces trois susdits villages » (1).

Des tolérances étaient aussi accordées dans la forêt d'Arthies appartenant à la Couronne : « Les officiers du roi, en 1250, dit M. Armand Cassan, après la vente d'une partie de la forêt, ayant voulu empêcher les habitants des paroisses voisines de cueillir la bruyère dans leurs cantons et d'y faire paître leurs bestiaux, ceux-ci vinrent trouver à Mantes la Reine Blanche, qui s'empressa de donner tort aux officiers du Roi ».

Ces tolérances n'étaient qu'une bien légère compensation aux ravages que causaient les

(1) Confirmation en 1167 par Louis, roi de France, de ce qui est contenu au titre et fondation du prieuré de Saint-Martin-la-Garenne (Chartrier de la Roche-Guyon).

petites et les grandes bêtes remisées dans les bois seigneuriaux.

« On se ferait difficilement une idée du gibier qui couvrait l'arrondissement de Mantes avant la première Révolution; on évaluait, en 1789, le nombre des lièvres à 100.000 au moins. Les seules communes de Limay, Porcheville, Issou et Fontenay Saint-Père entraient pour 9 ou 10.000 dans ce contingent. Aussi laissait-on en friche un tiers du territoire (1).

« Dans le courant du mois de mars 1754, entre Limay et Porcheville, il fut tué, depuis onze heures du matin jusqu'à quatre heures du soir 900 lièvres... Il y eut un garde de Saint-Germain qui tua, pour sa part, 128 lièvres en cinq heures.

« ... Au mois de février précédent, il fut tué dans une battue 4 à 500 lièvres, à coups de pierre et de bâton » (2).

A Saint-Martin, dont le sol est réputé pour être un des plus giboyeux des environs (3), on avait « établi une garenne à lièvres qui sont en si grande quantité, qu'ils mangent et ruinent toute la campagne, et les bourgeons des vignes qui font le principal revenu des pauvres malheureux paysans. » (4)

(1) Armand Cassan.
(2) La *Chronique de Mantes.*
(3) Annuaire de Seine-et-Oise, 1867.
(4) Mémoire du Prieur (1664) Chartrier de la Roche-Guyon.

Aussi la misère était-elle épouvantable. En 1728, M. de La Fontaine de Lesseville, curé de la Paroisse, affirme que « sur 800 personnes, il n'en est pas cinquante qui aient du pain à manger » (1).

Si les villageois étaient désarmés pour agir contre le seigneur, ils prenaient des précautions et faisaient des sacrifices pour surveiller et défendre leur bien. Ils se syndiquaient, et, par acte notarié, donnaient plein pouvoir à l'un d'eux pour assurer la garde journalière de leurs propriétés.

« Du 7 mai 1690, par devant Ledept, notaire à Guernes, sont comparus.... tous habitants de la paroisse du dit Guernes et Sébastien Borquit, vigneron, demeurant au dit lieu, lesquels habitants ont donné pouvoir au dit Borquit, de faire la garde journellement dans toute l'étendue du territoire du dit Guernes, des prés, terres et vignes qui leur appartiennent, pour empêcher les dommages des bestiaux, des particuliers, habitants ou autres. . . . . les dits habitants se sont obligés à lui payer deux sols par chaque arpent de terre que chacun possède (2) ».

A cette époque la qualification de vigneron est donnée à tous nos ancêtres; de plus, l'engage-

(1) Déclaration donnée à la Chambre ecclésiastique de Rouen (Archives de la Seine-Inférieure, série G (n° 5557).
(2) Minutes du tabellionage de Guernes.

ment de payer les intérêts des sommes dues, les
fermages, les gages, est souvent pris sans date
avec cette seule indication « après la vendange (1) ». Ce sont là preuves certaines que la
vigne était à peu près la seule récolte productive
de la contrée.

« Le vin y est d'un bon crû, dit M. A. Poti-
quet, et se consomme dans le Vexin ». Il en fut
ainsi, en effet, jusque vers notre époque. C'é-
taient les marchands de détail des environs qui
débitaient à la bouteille, environ le quart ou la
moitié de la récolte. Ce qui restait était cédé aux
MM. Finet et Levèque à Vétheuil qui donnaient
en échange des échalas et des futailles.

Plus anciennement, le Vexin n'eut pas seul
l'avantage de goûter l'agréable produit de nos
vignes. On en expédiait par la Seine, ainsi que
l'atteste le nom de Port-au-Vin que porte encore l'un des lieux dits de la commune. Nous
savons aussi que la dégustation des vins du
Vexin français s'était jadis répandue dans la Normandie.

« Les archevêques de Rouen possédaient des
vignobles, où ils récoltaient le vin servant à dire
la messe. Quand, après la vendange, les produits
de nos crûs étaient arrivées au port de Rouen,
le clergé de la Métropole allait les bénir, et les

(1) Minutes du tabellionage de Guernes (étude de
M. Troque, notaire à La Roche-Guyon).

escortait processionnellement jusqu'aux celliers de Monseigneur. En rentrant dans la cathédrale, la procession trouvait les bénitiers et les fonts baptismaux pleins de vin nouveau, pour l'ébatte-ment des clercs et des enfants de chœur » (1).

Malheureusement nos vignerons ne recueil-laient pas toujours la récompense de leurs peines. Dans le commencement de ce siècle, une seule année, 1822, a donné d'excellents et abondants produits.

« Les vendanges, qui ordinairement ont lieu au commencement d'octobre se firent au mois d'août et le vin fut de la meilleure qualité ». Mais ce n'était là qu'une heureuse exception. « De 1803 à 1833, sur trente récoltes, on en compte onze bonnes, quinze médiocres, quatre mauvaises et enfin quatre : 1803, 1816, 1817, 1821, — où les produits furent nuls (2). La misère et le décou-ragement qui en découla firent arracher la plus grande partie des vignes. Il n'en existe plus au-jourd'hui que 25 hectares produisant en certaines années approximativement 400 hectolitres (3), quantité insuffisante pour assurer la consomma-tion locale. Il fallut recourir aux vins des autres vignobles. Nos pères en auraient été fort cour-

(1) Feuilloley, pag. 204.
(2) Armand Cassan.
(3) Ces chiffres sont extraits d'un intéressant travail statis-tique, établi par M. E. Hébert, ancien Conseiller municipal de Saint-Martin-la-Garenne.

roucés, eux qui par amour-propre autant que par conviction proclamaient que nul breuvage n'était comparable aux produits de leurs cuves.

En 1825, au moment où fut établi le cadastre, le territoire était divisé en un grand nombre de parcelles, il en comprend aujourd'hui 17.716 se distribuant ainsi quant aux cultures :

Terres labourables . . .	830 hectares.	
Vignes	10 »	(1).
Prés	10 »	
Bois	600 »	
Jardins	4 »	
Friches.	5 »	

Le produit des terres labourables peut être évalué ainsi qu'il suit :

Blé, 90 hectares à raison de 12 hecto-
    litres par hectare. . . . . . . 1.080 hectol.
Seigle méteil, 215 hectares à raison
    de 9 hectolitres par hectare . . . 1.935 »
Orge, 100 hectares à raison de 15 hec-
    tolitres par hectare . . . . . . 1.500 »
Avoine, 100 hectares à raison de 20
    hectolitres par hectare. . . . . 2.000 »
Foin, 100 hectares.
Pommes de terre, 200 hectares à rai-
    son de 80 hectolitres par hectare. 16.000 »
Betteraves, 2 hectares, donnant en-
    semble 700 quintaux.

(1) M. Hébert dit 25 hectares, ce qui laisserait supposer que des vignes auraient été replantées depuis 1825.

Asperges, 100 hectares.
Petits pois, 30 hectares (1).

Il y a lieu d'indiquer aussi les cerises savoureuses, les navets si justement réputés sous le nom de navets de Freneuse et abondamment récoltés sur le territoire.

Voici maintenant les excédents que peuvent donner ces divers produits, sur la consommation locale :

Blé, 100 hectolitres; seigle méteil, 80 hectolitres; orge, 1.100 hectolitres ; pommes de terre, 13.500 hectolitres; les asperges et les petits pois sont en presque totalité conduits au marché ; au contraire l'avoine et le foin sont entièrement consommés dans la commune.

Les produits du sol ont varié aux différentes époques; certaines cultures n'existaient pas, ou étaient à peu près nulles : les pommes de terre, les petits pois et les asperges sont dans ce cas ; d'autres, au contraire, après avoir eu une certaine importance, ont été peu à peu abandonnées : les fèves, le chanvre par exemple. Cette dernière récolte ne fut cependant jamais suffisante pour le village, même au temps de son ancienne splendeur.

Les sources de revenus les plus productives ont été successivement : la vigne, les navets, les

(1) D'après M. Hébert, ancien Conseiller municipal.

fruits, les petits pois, et enfin les asperges.

M. Armand Cassan assure que les communes de Juziers, de Guernes et de Limay vendaient quelquefois jusqu'à 200.000 francs de petits pois par année ; Saint-Martin méritait d'être citée, elle aussi, car sa production lui permettait de rivaliser avec toutes les localités voisines sous le double rapport de la quantité et de la qualité de ses produits.

Les asperges augmentèrent fort sensiblement la prospérité de nos communes. Plantées précédemment en très petite quantité sur l'ados des vignes, elles ne donnaient que des produits défectueux et peu abondants. Mais en 1860, M. Gontier, maire de Saint-Martin, ayant montré, en l'appliquant, les avantages à tirer du labourage des plantations à la charrue, cette culture prit une extension inattendue. Elle assure actuellement aux habitants du village une somme de 25 à 30.000 francs par an.

CHAPITRE XIII

Renseignements divers. — Statistique

Pour ne négliger aucun des renseignements recueillis en vue de cette notice, il nous reste à donner diverses indications et à reproduire, d'après la statistique, des chiffres qui ne nous ont pas paru susceptibles de prendre place dans les pages précédentes. En les condensant, nous les avons groupés sous un titre qui en indique la nature, et nous avons fait suivre de notes ce qui nous a semblé plus particulièrement intéressant.

Divisions territoriales, administratives, judiciaires, ecclésiastiques, etc... dont fit successivement partie Saint-Martin-la-Garenne.

Gaule indépendante

Pays des Vellocasses, capitale Rouen (Rothomagus).

Domination romaine

Province : Celtique, puis successivement
—   Lugdunaise,
—   Seconde Lyonnaise,
—   Gouvernement de Paris,
—   Diocèse de Paris (1).

Rois Mérovingiens

Duché de Deuteling (2),
Royaume de Neustrie et d'Austrasie, alternativement.

Rois Carlovingiens

Comté de Meulan.
Province du Vexin.
Diocèse de Rouen.

Avant la Révolution française

Féodalité

Seigneuries de Saint-Martin et de la Roche-Guyon.
Châtellenie de Chaumont.
Province du Vexin français.
Gouvernement de l'Ile-de-France.

---

(1) M. Deslèdes, *Éclaircissement de l'ancien droit de l'évêque et de l'église de Paris sur Pontoise et le Vexin français.*
(2) Emile Réaux.

Administration. — Finances

Receveur de tailles : Magny.
Grenier à sel : Mantes.
Subdélégation ou accroissement : Magny.
Election : Chaumont.
Cour des aides : Rouen.
Généralité et intendance : Rouen.
Cour des Comptes : Paris.

Justice

Moyenne et basse justice : le Prieur, les seigneurs de Saint-Martin et de la Roche-Guyon.
Bailliage : Magny.
Lieutenant-général : Magny.
Présidial : Beauvais.
Parlement : Paris.

Législation

Coutume de Senlis.

Culte

Doyenné : Magny.
Officialité : Magny.
Archidiaconé : Vexin français.
Diocèse de Rouen.

Depuis la Révolution française

1790

Canton de Mantes.
District de Mantes.
Département de Seine-et-Oise.

An VIII

Canton de Mantes.
Arrondissement de Mantes.
Département de Seine-et-Oise.

An X

Canton de Limay.
Arrondissement de Mantes.
Département de Seine-et-Oise.

Liste des Seigneurs

Sires de Saint-Martin.

1066. Un sire de Saint-Martin, compagnon de Guillaume le Conquérant.

1095. De Ver, sire de Saint-Martin, compagnon de Robert Courte-Cuisse à la première croisade.

1240. Thibault, écuyer.

1298. Thibault et Pierre, écuyers.

1376-1403. Macyot ou Massiot de Ver, écuyer, pannetier de Monseigneur d'Anjou, con-

tribua à la fondation de Notre-Dame-la-
Désirée.

1378. Un Jean de Ver assiste aux revues, que Du
Guesclin fit passer à Pont-Audemer, « des
hommes d'armes ou des compagnies de
gentilshommes qui eurent la plus grande
part à ses expéditions militaires (1) ».
Ces compagnies étaient composées de
chevaliers, d'écuyers et d'archers.

1418-1427. Jean de Ver désigné parfois sous le
nom de Verronnet (2).

1424. Un sire de Ver prit part à la défense du
Mont Saint-Michel.

1459-1479. Guiotin de Ver (3), escuyer.

1490-1498. Perrette de Ver, mariée à Jeannot de
Planes ou de Plagnes, escuyer.

1498. Jean de Planes, dit de Myr (4), l'aîné,
homme violent, eut de nombreux démê-
lés avec le prieur (5).

1538-1569. Nicolas de Mir, escuyer (6), maître
d'hôtel ordinaire de monseigneur Anne
de Montmorency, connétable de France,
époux de Jeanne de Sailly (7).

(1) *Histoire sommaire de Normandie*, par le sire de Masseville.
(2) Chartrier du château de la Roche-Guyon.
(3) *Idem*.
(4) Pierre tombale, église de Saint-Martin.
(5) Chartrier du château de la Roche-Guyon.
(6) *Idem*.
(7) Pierre tombale, église de Saint-Martin.

1577-1596. Georges de Mir fut gouverneur de Mantes (1). Caractère emporté. Coupa d'un coup de sabre le bras d'un nommé Damours, fermier de monseigneur Jean de Vieux-Pont, évêque de Meaux et prieur de Saint-Martin (2). Fut appelé au moment des guerres de religion à Chaumont en 1594, pour se trouver aux armes et chevaux du Roi (3). Marié à damoiselle Bonaventure de Sayne.

1610. Jacques de Mir, et ses sœurs Anne et Marguerite (4).

1611-1632. Henri de Mir, marié à Anne Barbusy (5).

1633-1646. François de Mir. En 1636, à l'un des moments les plus critiques de la guerre de Trente Ans, lors de la convocation du ban et arrière-ban, le seigneur de Saint-Martin a été déchargé du service militaire en justifiant que son fils était au service du roi (6).

1646. Élisabeth de Mir, sœur de François de Mir et son héritière, épouse de messire Charles le Roy, seigneur de Potonille

(1) Pierre tombale, église de Saint-Martin.
(2) Chartrier du château de la Roche-Guyon.
(3) *Histoire sommaire de Normandie*, de Masseville.
(4) Chartrier du château de la Roche-Guyon.
(5) *Idem*.
(6) *Idem*.

vendent la seigneurie de Saint-Martin à
Henri Binet.

1646-1657. Henri Binet, conseiller, maître d'hôtel du roy vend la seigneurie de Saint-
Martin à M. de Liancourt (1).

1657. Messire Roger du Plessis, seigneur de
Liancourt, duc de la Roche-Guyon, dans
la famille duquel la seigneurie de Saint-
Martin demeurera jusqu'à la Révolution
française (2).

Seigneurs de Sandrancourt.

Le nom des seigneurs de Sandrancourt se
trouve quelquefois, sur les listes d'expéditions
militaires, en même temps que celui de la famille
de Ver.

1395. Jean de Lorsgillent.

1403-1417. Jehan le vicomte, chevalier gruyer de
la forêt d'Arthies, époux de Perrette du
Moustier.

1424. G. le Vicomte, escuyer, défend le Mont
Saint-Michel aux côtés de Jean de Ver.

1480. Marguerite le Vicomte, épouse de Mathieu
Lormigny.

1555. Marguerite le Vicomte, veuve de Mathieu
Lormigny.

1558. Pierre Lormigny, escuyer.

(1) Chartrier du château de la Roche-Guyon.
(2) *Idem*.

1586. François Lormigny, vidame.

1587. Jacques de Mauger.

1618-1632. Philippe de Mauger, escuyer.

1660-1666. Louise de Mauger, épouse de Guillaume de la Lande qui, le 17 septembre 1666, vendent la seigneurie de Sandrancourt à messire de Liancourt.

1666. Messire Roger Duplessis, seigneur de Liancourt, et Mme Jeanne de Schomberg, son épouse.

1677. Les mères abbesses et religieuses de Notre-Dame de Port-Royal des Champs de Chevreuse, ordre de Citeaux.

1679. Messire de Liancourt, redevenu propriétaire en vertu de la faculté de réméré (1) qu'il s'était réservée, en vendant aux dames de Port-Royal. Depuis cette date, et jusqu'à la Révolution française, le fief de Sandrancourt est resté dépendance directe du duché de la Roche-Guyon.

Seigneurs d'Herville.

1397. Un aveu foy et hommage nous apprend qu'alors, demoiselle Philippe la vicomtesse, veuve de Mathieu de Villette était dame d'Herville.

(1) Les actes de ventes, avec faculté de réméré, étaient nombreux autrefois. Nous en avons rencontré beaucoup, dans les minutes du tabellionage de Guernes, actuellement en l'étude du notaire de la Roche-Guyon.

1466. Noble homme Jehan des Moulins, époux
      de damoiselle Blanche d'Herville.

1531-1538. Damoiselle Françoise de Silly, veuve
      de feu Berthère Dabos, en son vivant
      seigneur d'Herville.

1563-1566. Achin Dabos, escuyer.

1566. Jehan Dabos.

1577-1615. Gilles Dabos, fils d'Achin, marié à
      damoiselle de Morainvilliers.

1618. Maximilien Dabos, marié à Denize de For.
      totte.

1662-1683. Gabriel Dabos, chevalier seigneur de
      Bienanville, Herville, Beauval et autres
      lieux.

1689. Gabriel Dabos, seigneur d'Herville, lieute-
      nant aux gardes, âgé d'environ 35 ans,
      est décédé en Allemagne, le 25 août 1689,
      au moment de la guerre défensive sou-
      tenue sur le Rhin par le maréchal de
      Duras.

700. Claude des Ponts, qualifié noble homme.

1721. Jean René Jouenne, escuyer, seigneur
      d'Egrigny, vend la seigneurie d'Herville
      à M. François de la Rochefoucault, sei-
      gneur de la Roche-Guyon, dans la famille
      duquel le fief d'Herville est demeuré
      jusqu'à la Révolution française.

Prieurs de Saint-Martin.

1263-1266. Raoul de Brotonne. (1)

1268. Frère Jean du Bec. (2)

1490-1491. Dom Martin de Rouen. (3)

1523. Jacques Goutte. (4)

1590-1615. Jean de Vieux-Pont, conseiller aumônier du roi, évêque de Meaux. (5)

1648-1659. Messire Jacques du Mansel (on l'ap
pelle aussi Dumansel), prieur, seigneur
spirituel et temporel de la terre et seigneurie de Saint-Martin. (6)

1661. Jacques Ladvocat, conseiller, aumônier
ordinaire de Sa Majesté. (7)

1677. Malville de Singlin.

1712-1727. Jacques Athanase du Gouay (8) ou
de Gouez (9), prêtre, docteur en Sorbonne.

1756-1778. Soldeville.

1782. Charles-François de la Rochefoucauld du
Breuil, prêtre du diocèse de Luçon,
prieur de Saint-Étienne, dans l'île de Ré,
vicaire général du diocèse d'Aix en Pro-

(1) Eudes Rigaud.
(2) *Idem.*
(3) Chartrier de la Roche-Guyon.
(4) Archives de Seine-et-Oise.
(5) Chartrier de la Roche-Guyon.
(6) *Idem.*
(7) *Idem.*
(8) Archives de Seine-et-Oise.
(9) Chartrier de la Roche-Guyon.

vence, y demeurant, rue Arbatelle, paroisse
Sainte-Madeleine. (1)

1784-1790. Rochon Alexis-Marie, clerc tonsuré
du diocèse de Saint-Pol-de-Léon en
Bretagne. (2)

Liste des Curés.

1458. Jean Fagot.

1545. Nicolas Baudouin.

1632-1641. Sevestre.

1641-1664. Gazon.

1664-1681. Bouvet.

1681-1710. Baudry.

1716-1742. Louis-Antoine de la Fontaine, écuyer,
seigneur de Lesseville; il portait pour
armoiries de gueules à trois pattes de
lion d'or posées, deux et un.

1742-1748. Robin.

1748-1756. Carneville.

1777-1790. Guillaume Le Chartier.

1790-1793. André Le Roy, qui fut déporté à la
Guyane où il mourut de fièvre putride
le 13 novembre 1798.

1802. Laîné.

1803-1827. David.

1827-1828. Roubon.

1828-1829. Chevenement.

(1) Archives de Seine-et-Oise.
(2) *Idem.*

1829-1830. Guilliard.

1830-1832. Cochard.

1832-1833. Mioux.

1833-1873. Muydeblé.

1873-1877. Maugenot.

1879-1883. Boucault.

1883-1884. Lelièvre.

1884-1891. Augis.

1891-1897. Donnars.

Liste des officiers municipaux.

1er janvier 1793. Desplanches, agent; Verrier, maire.

An II à An VI. Desplanches Etienne, agent national.

An VI à 1800. Deschamps.

1801 à 1806. Breton, maire; Hamelin, adjoint.

1807-1820. Breton, maire; Barbé, adjoint.

1820-1824. Barbé, maire; Richomme J.-H.-T., adjoint.

1824-1831. Lenoir, maire; Richomme J.-H.-T., adjoint.

1832-1838. Trognon, maire; Maugé, adjoint.

1838-1849. Trognon, maire; Hébert, adjoint.

1849-1860. Barbé, maire; Hébert, adjoint.

1860-1865. Gontier, maire.

1865-1868. Hébert, maire.

1868-1871. Barbé, maire.

1871-1874. Breton, maire.

1874-1876. Renoult, maire.

1876-1881. Desplanches, maire.

1882-1883. Hébert, adjoint, faisant fonctions de maire.

1883-1884. Breton Denis, maire.

1884-1894. Breton François-Denis, maire.

1894. Gauthier, maire.

Liste des Instituteurs et Institutrices

1684. Etienne Alexandre.

1712. Mlles Barbé et Anne Baudry, maîtresses d'école.

1731. Réaubourg.

1775. Ovièvre, maître d'école.

1788-1791. Mlle Desjardins, maîtresse d'école.

1792. Delafontaine, maître d'école à Saint-Martin; il avait succédé à son père, demeuré en fonctions de 1784 à 1791; Bénard, maître d'école à Sandrancourt.

1801-1802. Hamelin.

1803-1847. Richomme.

Les Richomme ont été de père en fils, pendant cinquante ans, instituteurs à Saint-Martin où ils ont laissé des souvenirs de grande sympathie et de profonde estime. Un habitant de Saint-Martin m'a prié de remarquer que le pays doit à cette famille un hommage de reconnaissance.

1851. Landrin.

1859. Defert, Saint-Martin; Gatin, Sandrancourt.

1861. Defert, Saint-Martin; Richomme, Sandrancourt.

1863. Coquet, Saint-Martin ; Lafon, Sandrancourt.

1872. Lecomte, Saint-Martin; Thierry, Sandrancourt.

1876. Dufour, Saint-Martin; Lafosse, Sandrancourt.

1883. Crouin, Saint-Martin; Courtellemont, Sandrancourt.

1886. Dufour, Saint-Martin; Courtellemont, Sandrancourt.

1892. Fouet, Saint-Martin; Courtellemont, Sandrancourt.

1898. Badaire, Saint-Martin ; Courtellemont,
Sandrancourt.

Garde nationale, Sapeurs-Pompiers.

1793. — Un détachement de 110 gardes
nationaux, parmi lesquels un certain nombre
d'hommes de Saint-Martin va à la Roche-Guyon (1),
à l'effet de prêter main-forte aux commissaires
délégués pour réprimer une émeute, désarmer
et arrêter les gardes nationaux suspects et rétablir la municipalité dans ses fonctions.

7 Messidor an V. — La garde nationale de

(1) Archives de Seine-et-Oise. — Registre des délibérations du Directoire du district de Mantes.

Saint-Martin forme deux compagnies et constitue un bataillon avec les hommes de Buchelay, Follainville, Gassicourt et Magnanville. Elle se réunit dans l'église, en deux groupes, sous la présidence de l'agent municipal et de son adjoint. (1)

1831. — Saint-Martin compose toujours deux compagnies, qui appartiennent alors au bataillon de Fontenay Saint-Père, dont l'effectif est de 535 hommes, sur lesquels 500 sont habillés et 105 armés. (2)

1832-1834. — Trognon François-Charles, commandant.

1838. — Dubot.

1848. — Le bataillon de Fontenay-Saint-Père se rend à Paris, pour participer à la répression de l'insurrection. Les deux compagnies de Saint-Martin, qui font partie de ce bataillon, se mettent résolument en route, mais arrivées à Mantes, elles apprennent que le chef de bataillon ne les a pas attendues, et à défaut d'ordres, elles rentrent dans leurs foyers sans tambours ni trompettes.

1867. — La commune de Saint-Martin-la-Garenne fait l'acquisition d'une pompe à incendie, et organise une subdivision de

(1) Archives de Seine-et-Oise. — Arrêté de l'Administration municipale du canton de Mantes.
(2) Armand Cassan.

sapeurs-pompiers commandée par un sous-lieutenant, qui fut d'abord Rousseau, puis Breton.

Dates des événements dont Saint-Martin-la-Garenne a dû ressentir les effets malheureux.

Epizooties : 1741.

Famines : 947, — 1015, — 1030, — 1147, — 1194, — 1235, — 1260, — 1263, — 1315, — 1316, — 1438, — 1693, — 1694, — 1768, — 1769, — 1770, — 1775, — 1847.

Gelées : 800, — 1325, — 1407, — 1523, — 1538, — 1598, — 1601, — 1606, — 1709, — 1755, — 1769, — 1782, — 1792, — 1793.

Grêles : 823, — 1698, — 1768, — 1769.

Guerres : 946, — 1055, — 1087, — 1097, — 1098, — 1108, — 1109, — 1180, — 1345, — 1364, — 1365, — 1375, — 1419, — 1449.

Inondations : 1086, — 1276, — 1525, — 1656, — 1694, — 1697, — 1711, — 1739, — 1771.

Invasions normandes : 841, — 845, — 881, — 884, — 885, — 886, — 887, — 888.

Invasions : 1814, — 1815, — 1870, — 1871.

Peste, maladies épidémiques : 580, — 947, — 1015, — 1094, — 1283, — 1315, — 1501, — 1558, — 1583, — 1601, — 1613, — 1754, — 1830, — 1849.

Sécheresses : 747, — 1188, — 1203, — 1666, — 1719, — 1753, — 1754.

Tempêtes : 1136, — 1190, — 1593.

1768. — Lors de la famine de 1768, les mercredi et vendredi, 5 et 6 avril, il y eut
une grande révolte à Mantes. Le blé
avait manqué sur la halle. Six brigades de
maréchaussée, aidées par le régiment Gé-
néral-Dragon qui allait à Rouen, durent
agir; parmi les personnes arrêtées figurent
plusieurs hommes et femmes de Saint-
Martin, qui s'étaient mêlés à la révolte.

1791. — Un incendie éclata à Sandrancourt, le
13 février, et réduisit en cendres une maison composée de deux travées de bâtiments, ainsi que tout le mobilier, les grains
et fourrages, sans qu'on ait rien pu sauver.
Un des enfants du propriétaire, Pierre
Hébert, avec un autre enfant qui était
là en nourrice, ont péri. La perte maté-
rielle fut estimée 1.793 livres (1).

1793. — La gelée cause de grands dommages
sur le territoire, et le directoire du district de Mantes, saisi d'une réclamation des
habitants, chargea le citoyen Dauvergne
Pierre, cultivateur à Freneuse, d'examiner
et de faire un rapport. Après le plus grand
et scrupuleux examen, la perte fut éva-

(1) Extrait du registre des délibérations du directoire
du district de Mantes, séance du 18 mars 1791. — Archives de Seine-et-Oise, série L.

luée, dit le procès-verbal, tant en vin qu'en pois, à la somme de 16.050 livres (1).

1814. — La commune de Saint-Martin-la-Garenne ne souffrit pas beaucoup de l'invasion de 1814. Elle eut seulement à loger un détachement du 3ᵉ régiment de la garde polonaise, commandée par un capitaine et composée de 18 officiers, 148 sous-officiers et soldats et 146 chevaux, et, d'après le rapport du sous-préfet de Mantes, la tenue des troupes fut généralement bonne.

1815. — Divers détachements logèrent à Saint-Martin :

Le 25 août, 71 hommes et 71 chevaux pendant deux jours.

Le 27 août, 398 hommes, un jour.

Le 29 août, 16 hommes, un jour.

Le 4 septembre, 8 hommes, un jour.

Le 14 septembre, 156 hommes, un jour.

Le 13 octobre, 20 hommes, trois jours.

Le passage du 14 septembre donna lieu à un incident relaté dans un procès-verbal, dressé par le maire, à la date du lendemain 15 septembre ; il en résulte que des fourriers prussiens dès huit heures du du matin firent préparer le logement de la troupe qui arriva à 4 heures.

(1) Archives de Seine-et-Oise, série L. — Registre des

Logé chez Georges Camus, un des meilleurs habitants de la commune et jouissant d'une grande probité, un soldat, à peine entré chez ses hôtes, regarda dans son schako, et prétendit qu'il était volé de 7 louis en or, et que c'était Camus qui les lui avait pris. Malgré les protestations énergiques de Camus et de sa femme, le soldat alla chercher son capitaine, qui arriva un instant après et, trouvant Camus à sa porte, le frappa à coups de bâton, le fit amener sur la place, menaçant de lui couper la tête s'il n'avouait le vol dont il était accusé. L'adjoint au maire, Jacques Barbé, qui intervint pour sauver son concitoyen, fut lié, garrotté et frappé à coups de sabre. Ces deux malheureux habitants furent ensuite emmenés au corps de garde, où ils passèrent une nuit affreuse. Le maire et le garde-champêtre furent aussi maltraités, parce que des chevaux et voitures réquisitionnés n'arrivaient pas assez vite au gré du Prussien.

1870. — Saint-Martin n'eut à subir que deux fois la présence des troupes ennemies, le 27 et le 29 octobre.

Elles firent quelques réquisitions d'a-

délibérations du directoire du district de Mantes, séance du 26 juillet 1793.

voine et perquisitionnèrent chez les habitants pour prendre les armes de toutes natures.

Ils ne découvrirent pas les fusils de la garde nationale, qui avaient été cachés dans le clocher de l'église.

Il semble que les Allemands avaient reçu l'ordre de détruire les bateaux, car trois barques furent brisées à coups de hache. L'une d'elles, après avoir été traînée sur la route, fut abandonnée, fort endommagée par les soldats qui y avaient déposé « leurs ordures ».

Un nommé Prieur, dit Carnaflo, mourut à Fontenay-Saint-Père, le 15 octobre, jour du combat contre les francs-tireurs. Le malheureux était allé conduire une vache chez sa fille, qui habitait cette commune, et fut tué parce que des Prussiens, devant lesquels il fuyait, lui ayant dit de s'arrêter, il n'avait pas obéi à leur injonction.

1871. — Le 4ᶜ corps commandé par le prince Frédéric-Charles envoya deux détachements qui séjournèrent du 18 au 27 mars 1871, savoir : 250 hommes à Sandrancourt, et 700 hommes à Saint-Martin.

24 mai 1871. — Une nuée de papiers brûlés tomba dans la plaine de Saint-Martin,

apportant, malgré l'éloignement, la triste
nouvelle de Paris en feu.

Population.

La population de Saint-Martin-la-Garenne, qui
décroît d'année en année, comme celle de beaucoup de nos villages, s'est élevée autrefois à un
chiffre supérieur à 1.500 habitants. Elle fut de
400 à 500 feux à la fin du XVIIe siècle pour s'a-
baisser successivement à :

An II.	—	904	habitants.
— 1813	—	862	—
— 1818	—	802	—
— 1833	—	800	—
— 1838	—	768	—
— 1842	—	750	—
— 1847	—	708	—
— 1861	—	596	—
— 1867	—	569	—
— 1876	—	498	—
— 1896	—	475	—

Cette décroissance constante de la population
ne peut être attribuée à des causes locales. Saint-
Martin est un pays salubre, agréable qui favorise
la longévité. On y a toujours vu de nombreux
et solides vieillards; en 1897, une brave femme
du Coudray, la mère Charlemagne, est décédée
dans sa centième année.

Il faut attribuer la diminution du nombre des habitants de la campagne, à la plaie moderne dont souffre notre race tout entière, la soif de richesses et de jouissances qui porte le paysan à fuir la terre, pour courir à la ville où il croit voir la fortune souriante et les bras grands ouverts.

Nos villages seraient déserts, si ceux qui possèdent n'étaient retenus à la glèbe par la nécessité de la rendre productive en la cultivant.

Être propriétaire, c'est avoir l'existence assurée par le travail, mais c'est être attaché à sa commune, par des liens indissolubles.

Nous trouvons cette pensée exprimée, dès le xviiie siècle, dans diverses demandes présentées en vue d'obtenir dispense d'empêchements canoniques.

En 1751, Jean Clair Groux et Anne Lévêque;

En 1757, Jacques Hébert et Marie-Louise Lévêque de Sandrancourt;

En 1759, Jean Mauger et Marie-Jeanne Froment, tous les six parents à des degrés de consanguinité auxquels l'église interdit le mariage, font valoir qu'ils ne peuvent contracter d'union au dehors, sans se mettre dans l'obligation « d'abandonner le peu d'héritages qu'ils possèdent, et qui consistent en vignes, pour la plus grande partie, de la culture desquelles ils tirent leur subsistance... »

Que ceux de nos concitoyens qui se plaindraient d'avoir eu à subir les exigences de cette nécessité, nous permettent de leur dire qu'ils se trompent.

Devenue trop considérable, l'affluence vers les villes y produit l'encombrement et y rend le combat pour la vie plus àpre et plus périlleux.

Le désir de pousser nos fils vers les sommets accumule toutes les capacités, toutes les intelligences sur les mêmes points, et rend le succès difficile, même aux natures d'élite qui, à l'heure présente, se surmènent et s'étiolent sans fruit.

Ce n'est pas seulement sous les uniformes brillants, au milieu du bruit et des grandeurs, que se trouvent la fortune et le bonheur; tous deux se rencontrent, plus sûrement aujourd'hui, dans le calme des situations modestes, où il est facile à l'homme vaillant de faire valoir ses qualités et d'en tirer profit.

Si le paysan se courbe tout le jour vers le sol, pour l'arroser de ses sueurs, il a en échange l'air pur qui vivifie, la faculté de travailler quand et comme il lui plaît, il ne relève que de sa volonté; il a l'indépendance, la liberté aussi étendue qu'un homme puisse l'espérer en ce monde.

CHAPITRE XIV

Un curieux document

L'original du procès-verbal de compulsoire dont nous donnons ci-dessous une copie in-extenso, appartient au chartrier du château de la Roche-Guyon. C'est là un document fort curieux, car il prouve les faits les plus importants relatés dans les pages précédentes, et contient en outre des indications intéressantes pour un certain nombre de communes de Seine-et-Oise.

Nous donnons la traduction des chartes qui s'y trouvent insérées, traduction que nous croyons aussi exacte que permettent de l'espérer les difficultés d'interprétation qu'offrent toujours les textes latins du moyen âge.

« L'an mil six cent soixante et quatre, le mardi douzième jour d'août, par vertu de certaine commission et compulsoire obtenu du roi notre sire, en sa chancellerie du palais, à Paris, datée du dix-huitième jour de juin dernier passé, signé, par le conseil : Baudouin, et scellé, en

queue, de cire jaune ; et de certaines autres lettres
de pareatis, obtenues sur la susdite commission
du roi, notre sire, en la chancellerie, datées du
douzième du mois de juin, signées : par le Roy,
Baudouin, et scellées du grand sceau de cire
jaune ; et à la requête de messire Roger du Plessis,
duc de la Roche-Guyon, de Liancourt, de Saint-
Martin-la-Garenne et autres lieux, impétrant
icelles, a été par moi, huissier à cheval au châtelet de Paris, demeurant à Mantes, soussigné,
donné assignation à Messire Jacques Ladvocat,
prieur de Saint-Martin, en son domicile au dit
Saint-Martin de la Garenne, où je me suis exprès
transporté, distant du dit Mantes, ma demeure
ordinaire, de deux lieues ou environ, où parlant
à Estiennette, mère-nourrice du dit sieur prieur
et sa domestique trouvée au prieuré, à compa-
roir de mercredi en huitaine, neuf heures du
matin, attendant dix, au devant de la grande
porte et principale entrée de l'église Notre-Dame
du Bec Helluin, pour au dit lieu se transporter
où besoin sera pour être, par moi huissier ou
autre qui à ce vaquera, compulsé, extrait, vidimé
et collationné, les titres, contrats, aveux et dénom-
brements ou autres actes desquels le dit seigneur
duc de la Roche-Guyon entend se servir à l'en-
contre du dit sieur Ladvocat ; à ce qu'il ait, si bon
lui semble, à s'y trouver, lui déclarant qu'il y
sera procédé en outre comme de raison, et lui ai,

comme dessus, baillé et délaissé copie, tant de la dite commission pareatis que du présent exploit, en présence de Jacques Papillon et d'Eustache Bion, demeurant à Mantes, témoins.

« Signé : CHASTELAIN. »

« Et le mercredi, vingtième jour d'août, au dit an mil six cent soixante et quatre, sur les huit heures du matin, par vertu et à la requête que dessus, je me suis, Henri Chastelain, huissier à cheval au chastelet de Paris, demeurant à Mantes, sous-signé, certifie m'être exprès et de cheval, transporté au bourg du Bec Helluin, au devant de la grande porte et principale entrée de l'église et abbaye Notre-Dame du Bec Helluin distante du dit Mantes, ma demeure ordinaire, de vingt lieues ou environ, où étant est comparu M. Nicolas Hottier, procureur fiscal du dit seigneur duc de la Roche-Guyon, ayant charge de comparaître à la susdite assignation, et après avoir resté au devant du dit grand portail Notre-Dame de l'abbaye du Bec Helluin, depuis la dite heure de neuf heures jusqu'à l'heure de dix heures du matin sonnée à l'horloge du dit lieu. Hors l'abbaye Notre-Dame du dit Bec Helluin, ainsi qu'il m'a été certifié par Nicolas Prévost, maître plombier à Rouen, travaillant à la dite abbaye et Jean Hallé, maître menuisier y travaillant, lequel Hottier, au dit nom, m'a requis défaut contre le dit sieur Ladvocat, faute d'être comparu, ni procureur répondant pour lui à l'assignation donnée, au moyen duquel défaut, m'a le dit Hottier requis vouloir procéder au susdit compulsoire, et pour cet effet j'aie à présentement me vouloir transporter en la dite abbaye Notre-Dame du Bec Helluin, par devant la personne de dom Anselme Boisseau, religieux et procureur de la dite abbaye et dépositaire des archives et titres de la dite abbaye, ce que je lui ai accordé; de tout ce que dessus, m'a le dit Hottier requis et demandé acte à lui octroyé. Fait en présence de Nicolas Prévost, maître plombier à Rouen, travaillant présentement à la dite abbaye du Bec, et Jean Hallé, maître menuisier, aussi y travaillant qui ont avec le dit sieur Hottier signé en la minute des pièces demeurées par devers moi, huissier susdit et soussigné. »

« Ce fait, à même instant, je me suis, huissier susdit et soussigné, exprès transporté, assisté du dit sieur Hottier, en l'abbaye du Bec Helluin, par devers la personne de dom Anselme Boisseau, religieux et procureur de la dite abbaye et communauté, auquel, parlant à sa personne, j'ai fait commandement, de par le roi notre sire, de me représenter tous et chacun les titres concernant le prieuré conventuel de Saint-Martin de la Garenne, près du dit Mantes, dépendant de la dite abbaye, et notamment le cartulaire, coté A, dedans lequel est l'original de la fondation du dit prieuré de Saint-Martin. L'extrait duquel a été représenté par le dit procureur, couché en ces termes :

Au Cartulaire A

« Nous, Louis, par la grâce de Dieu, roi de France, savoir faisons, à tous présents et à venir, que Hugues, vicomte de Mantes, a reconnu, par devant nous, que son grand père, son père et lui-même ont fait aumône à l'église de Saint-Martin-la-Garenne et aux moines du Bec y servant Dieu, de portion de leurs domaines et qu'ils leur ont concédé celles qui avaient été faites de leurs fiefs. Le susdit Hugues nous a demandé de concéder et confirmer les dites aumônes. Ces aumônes sont les suivantes : le vicomte Hilduin, aïeul du sus dit Hugues, a donné à l'abbaye du Bec, aux moines demeurant à Saint-Martin de la Garenne, avec l'assentiment de Guillaume son fils, la villa de Saint-Martin de la Garenne en toute propriété, dans les conditions où il la tenait lui-même, et la dîme de toute la Garenne et du domaine du bocage qui s'appelle Herville, et le domaine qui s'appelle *Quodrini* (1), et les masures que les gens de la sus dite villa y tiennent, ainsi que les censives. Fait publiquement à Paris, l'an de l'incarnation 1107 (2) étant en charge dans notre palais ceux dont les noms et les sceings suivent. Nom et sceing du comte Thibault notre sénéchal, Guy Bouteiller, Mathier, Chambrier et de Raoul conétable.

« L'an de l'incarnation 1095, Robert comte de Meulan, du fief duquel était l'église et la dîme de Saint-

---

(1) Le Coudray, certainement.

(2) Cette date est certainement erronée. Il faut lire, je crois, 1167.

Martin de la Garenne, a concédé la sus dite dîme et
l'église, avec tout ce qui s'y rattachait, à l'église du Bec
et aux moines demeurant à St-Martin de la Garenne. »

« Lequel dom Anselme m'a fait réponse que
le cartulaire coté A est adiré et ne l'a vu depuis
qu'il est en charge, reconnaît que l'extrait représenté d'une écriture ancienne et d'une même
écriture que plusieurs autres extraits et papiers
qui sont dans leur chartrier où il offre de me
représenter deux cartulaires cotés B et un autre,
ce qu'il a fait. Les dits cartulaires étaient cou-
verts d'une couverture de bois avec cuir et clous
de cuivre, contenant le premier iij^c iij^{xx} xij feuillets remplis le tout de feuilles de parchemin
d'une écriture ancienne ayant les premières
lettres marquées de rouge et les autres d'une
encre noire, et le second de même façon contenant iij^c x iii feuillets. »

« Au premier desquels a été extrait, en la page
cent trente-cinq, ce qui suit :

« Sachent tous présents et futurs que je : Hugues vicomte de Mantes, pour mon salut et celui de tous mes
prédécesseurs, je concède et confirme à Dieu et à
Notre-Dame ainsi qu'aux moines du Bec Helluin, le
don que ma sœur, vidame (1) de Gerberoi a faite aux
susdits moines, à savoir : toute la terre de Garenne, le
bois de Follainville et tout ce qui se rapporte à la
villa de Garenne, villa qui avec ses dépendances avait

(1) Peut-être faut-il lire : femme ou veuve du vidame.

été donnée par moi antérieurement à ma sus dite sœur,
quand je la mariai à Harduin vidame de Gerberoi. En
conséquence, je veux que les sus dits moines possèdent
en perpétuelle aumône le sus dit don de ma sœur, dans
les conditions mêmes où elle le possédait, à l'exception de la terre Aravigny, et parce que ma sœur n'avait
pas de sceau, j'ai muni de mon sceau la sus dite donation, en présence et avec le consentement de Hilduin
mon fils. Ce fut fait en l'église de Saint-Martin de la
Garenne l'an de l'Incarnation 1083 ; étaient présents
les moines Gilbert, frère Guillaume, Crispin, Hugues,
Villanus, Godefroi de Marines que l'abbé du Bec Anselme avait envoyés là en son lieu et place, et comme
laïques le sus dit Hilduin fils du vicomte. »

« Et de la page deux cent trente-sept a été
extrait ce qui en suit :

« Sachent tous ceux à qui le présent écrit parviendra,
que je, Jean seigneur de la Roche, chevalier, pour le
salut de mon âme, vend et concède et par l'autorité de
ces présentes confirme, à la réserve du droit d'autrui,
que religieuse personne l'abbé et le couvent de Notre-
Dame du Bec Helluin et leurs successeurs aient et
possèdent à perpétuité, en main morte, un fief à Ché-
rences que noble homme Olivier de Briançon, chevalier, a vendu aux susdits religieux, c'est à savoir tout
ce qu'il avait en ce lieu en terres, bois, hommes avec
tous les revenus ainsi que toutes leurs dépendances,
tous droits et toute seigneurie, transférant à cet égard
aux susdits religieux et ne me réservant rien à moi
et à mes héritiers sur les biens susdits, et pour que ce
soit perpétuellement valable, j'ai remis muni de mon

sceau le présent acte aux susdits religieux, fait l'an du Seigneur 1261 mois de janvier. »

« Savoir faisons, à tous les fidèles présents et à venir, que je Hugue de la Roche, avec le consentement de ma femme et celui de mes fils Guy et Hugue, j'ai donné à Dieu et à Notre Dame du Bec, à l'abbé et aux moines, en perpétuelle aumône, la villa que je possédais dans le « pagus » de Beauvais du nom de Tertini, libre et franche et tout ce que je possédais dans cette villa en terres, hôtes et revenus. J'ai donné également, au même monastère, le travers que je percevais sur les navires de Notre Dame du Bec, descendant sur la Seine devant mon château de la Roche, de manière à ce qu'ils soient à l'avenir affranchis de toute redevance. La présente donation a été faite par moi pour le salut de mon âme, celle de mes enfants, de mon père, de ma mère, de tous mes prédécesseurs, en présence de l'abbé Létard et des moines de cet abbaye : Michel camérier, Guillaume de Franconville chapelain ; étaient témoins du côté de l'abbaye : Guillaume de Pontoise, Raoul maréchal, Guillaume portier, Achard de Vallerandin, Roger fils de Gessi, Godefroy de Borvalle, Gilbert fils de Guillaume de Alberia ; du côté du seigneur : Hugue Rodolphe Dalmanus son sénéchal, Baudoin et Payen son frère, Malnouri écuyer, Guillaume ermite, Godefroi Giffard. J'ai aussi donné l'église de Tertini à Notre Dame du Bec à l'abbé et aux moines avec toutes leurs dépendances ; témoins ceux qui sont nommés et d'autres. »

« Sachent tous, présents et futurs, que je, Guy de la Roche, fils de Guy de la Roche, j'ai concédé, pour le salut de mon âme et de celle de mes ancêtres, aux moines de l'abbaye du Bec Helluin que leurs navires, bacs et bateaux, soit qu'ils portent du vin, du blé, ou toutes autres choses nécessaires à leur usage, puissent remonter ou descendre toutes les fois que ce leur sera nécessaire, par tout cours d'eau dépendant de ma nomination et de mon pouvoir, libres et exempts de toute redevance, service et exaction quelque nom qu'elle porte ; j'ai également accordé aux susdits moines relativement à toute bête de somme et véhicule passant sur ma susdite terre, et, pour que cette mienne concession soit ferme et valable dans la suite des temps, je l'ai authentiquée par le témoignage du présent écrit et celui de mon sceau. Fait au Bec, l'an de grâce 1200 en présence de six témoins. »

« Et en page ij^c xbij du premier cartulaire a été extrait ce qui en suit :

« Sachent tous ceux à qui parviendra le présent écrit que je, Jean seigneur de la Roche, chevalier, pour le salut de mon âme et de celui de mes ancêtres, je veux concède et par l'autorité des présentes confirme, sous réserve du droit d'autrui, que religieuses personnes l'abbé et le couvent de Notre-Dame du Bec Helluin et leurs successeurs tiennent et possèdent, à perpétuité en main morte, deux perches de vigne, ainsi qu'elles s'étendent en long et en large, sises à Mézy, chemin par où l'on va de Mézy à la Fontaine d'Oimont, vigne qui est communément appelée le pâtis, ne retenant rien pour moi et mes héritiers sur la susdite vigne, que tenait de moi Jean de Freneuse, seigneur de Rolleboise, chevalier et que de sa volonté et avec l'exprès consentement de Jeanne sa femme, il a ven-

due et complètement cédée aux susdits religieux,
moyennant deux cents livres à lui payées; de cette
vigne, Jean et sa femme se sont dessaisis spontané-
ment entre mes mains, et à leur requête j'en ai saisi les
susdits religieux, et pour que ce soit chose ferme, j'ai
remis le présent écrit muni de mon sceau. Fait l'an
de grâce 1261, mois de novembre. »

« Et du même cartulaire, page 74 a été extrait
ce qui suit :

« Au nom de la sainte et indivisible Trinité, je Robert, comte de Meulan, ai donné au moines de Notre-
Dame du Bec Helluin, en quelque lieu qu'ils habitent,
cette franchise à perpétuité, à Mantes et à Meulan, que
leurs navires et barques, chargés de vin et blé ou de
toutes autres marchandises, soient en tous temps absolument exemptes de toutes redevances et exactions et
que nul, pour quelque contravention, ne puisse mettre
la main sur leurs navires ou les fasse arrêter un jour
et une heure, pour quelque plainte que ce soit. Si les
susdits moines font quelqu'acquisition ou quelque vente
dans tout le territoire soumis à ma puissance ou sur la
rivière aux alentours de Mantes et Meulan, ils n'auront à payer à ce sujet aucun droit. Témoins Robert
Dabecourt, Guillaume de Brono et beaucoup d'autres. »

Et en la même page est écrit :

« Je Robert, comte de Meulan, concède à l'église de
Notre-Dame du Bec, pour le salut de l'âme de mon
père Roger et de l'âme de ma mère Adeline et pour
mon salut et celui d'Élisabeth ma femme et de mes
enfants, le don que fit Hugues, fils de Galeran du Bois

« Ganet » à la susdite église de Notre-Dame dit Bec à savoir tout ce qu'il tenait de moi dans le susdit bois Ganet. »

Et plus bas est écrit :

« Sachent tous ceux qui verront cet acte, que je Robert, comte de Meulan, sur la demande de Monseigneur le roi d'Angleterre, je donne à Dieu et à la Sainte Église du Bec et aux moines y servant Dieu... »

Et en la page 44 du même cartulaire est écrit :

« Calixte II, pape.
« Caliste évêque, serviteur des serviteurs de Dieu, à son cher fils Guillaume abbé du Bec et à ses successeurs, nous consentons, dans notre bienveillance, à l'objet de vos prières et confirmons tout ce que vous avez reçu en aumônes en France et en Normandie : dans l'archevêché de Rouen, l'église de Notre-Dame du Pré, l'église de Saint-Martin qui est dans la forêt « Deando », l'église de Saint-Laurent Evremont et l'église Saint-Martin-de-la-Garenne. L'an 1121. »

Et en la page 95 est écrit :

« Hugues, par la grâce de Dieu, archevêque de Rouen, à ses chers fils Latard, vénérable abbé et aux autres frères habitant le monastère du Bec, tant présents que futurs à perpétuité, nous confirmons tout ce qui a été conféré par les fidèles au susdit monastère, comme état offert à Dieu, et de plus nous concédons au dit monastère, pour être possédé selon le mode canonique, les églises ou chapelles situées dans notre diocèse et énumérées ci-après : église de Senaust, église de Liancourt, église de Becconvilliers, église de Saint-Pierre de Pontoise, église de « Curte dominis (1) », église de Tessancourt, église de Vaudancourt, église de Coudécourt, église de Mézy, église de Saint-Nicolas de Meulan, église de Saint-Martin-de-la-Garenne, église de « Varenna », église de « Carensis », l'an de l'incarnation 1141 sous le règne de Louis. »

Et ensuite :

« Rotrou par la grâce de Dieu, archevêque de Rouen, à ses très chers fils Osberno, vénérable abbé et aux autres frères établis dans le monastère du Bec, tant présents qu'à venir à perpétuité, nous accordons outre les susdites églises en notre diocèse et énumérées ci-dessus ; Saint-Nicolas de Meulan, l'église de Saint-Martin de Varenne, toute la chapelle de Vuerna (2), l'église de Garenne et l'église d'Aincourt, fait l'an de l'incarnation 1082, témoins.... »

Et en la page 244 dudit cartulaire pareillement écrit ce qui suit :

« Je Hugues, comte fils du comte Galeran, je fais savoir à tous ceux qui vivent dans le siècle (3), tant présents qu'à venir, que, pour mon salut et pour les âmes de mon père, de ma mère, la mienne et celle d'Eudes fils de Jean, j'ai fait donation aux religieux du Bec, dont l'abbaye est construite en l'honneur de la bienheureuse Vierge-Marie, de la villa qui est dénommée

(1) Probablement Courdimanche.
(2) Guerne assurément.
(3) Tous les laïques.

Taciturtis à la condition que de mon vivant ils n'aient que la moitié de la dite villa et qu'après que le seigneur Tout Puissant et Miséricordieux aura mis fin à ma vie temporelle, les religieux du susdit monastère possèdent en totalité ce qui se trouvera en la dite villa. Fait sous le règne de Philippe, fils du roi Henri, l'an de l'Incarnation 1060 mois de septembre sept. indiction.

Et en la page 237 :

« Sachent tous présents et à venir que je Hugues d'Aincourt, j'ai accordé et confirmé par le présent écrit à Dieu et au monastère du Bec, pour le salut de mon àme et de celle de mes prédécesseurs, toute la dîme de ma terre d'Aincourt, ainsi que l'église, à la réserve du quart de la dite dîme qui est destiné au curé, et, pour que cette donation soit ferme et valable à l'avenir, je l'ai confirmée par le présent écrit et je l'ai muni du sceau de Monseigneur Guy de la Roche avec sa permission. Témoins le susdit Monseigneur Guy de la Roche, Onulfo, chapelain de Saint-Martin et beaucoup d'autres témoins. »

« Ce fait, le dit Hottier, audit nom, a interpellé le dit dom Anselme de représenter les autres titres et papiers particuliers qu'il a en sa possession et qui sont dedans le dit chartrier de la dite abbaye, concernant le prieuré de Saint-Martin-de-la-Garenne, membre de la dite abbaye et notamment un contrat sur parchemin signé et scellé du sceau de la dite abbaye qu'il aurait ci-devant fait voir au dit Hottier et duquel il lui

aurait donné une copie, par laquelle il appert
que l'abbé et couvent de l'abbaye du Bec auraient
baillé en l'an mil deux cent quarante trois à
divers particuliers du dit Saint-Martin, douze
arpents de terre ès lieux à cinquante sols parisis
de cens par arpent payable les dits cens la veille
de tous les saints, au prieur du prieuré du dit
Saint-Martin.

« Comme semblablement l'extrait tiré sur la
fondation du dit Saint-Martin escrite de la main
de défunt dom Vallée, ancien religieux de la dite
abbaye, qu'il aurait aussi fait voir ci-devant
au dit Hottier ; lequel dom Anselme a fait réponse
qu'il ne peut plus représenter le sus dit bail à
cens en original, parce qu'il l'a mis ès mains de
M. Jacques Ladvocat à présent prieur du dit Saint-
Martin, lequel serait venu en cette abbaye pour
lui demander dès depuis et incontinent après que
le dit sieur Hottier l'aurait reçue et en aurait
pris copie, et au regard de l'extrait tiré par copie
de la fondation du dit prieuré, par le défunt dom
Vallée et qui est écrit de sa main, offre de le représenter comme il a fait présentement duquel
la teneur suit :

« Hilduin, vicomte de Mantes, et Guillaume son fils
ont donné l'église de Saint-Martin de la Garenne et
les vignes et terres de la sus dite église et toute la
dîme, excepté le blé duquel ils ont donné la dîme à la
dîme, et tout ce que Gauthier prêtre et les chanoines

avaient de la susdite église et toute la terre du Coul-
dray. Témoins Albert, trésorier de Mantes, Robert son
neveu, Godefroy de Moranvillers chanoine de Mantes,
Guillaume de Flacourt, prêtre de Saint-Martin, Dreux
maire de Saint-Martin, Raoul maire d'Herville, et l'é-
pouse d'Hilduin a donné son consentement à cette donation quant aux choses de l'église, l'an du Seigneur
mil quatre-vingt-un.

« L'an de l'Incarnation 1095 Robert, comte de Meulan, du fief duquel étaient l'église et la dîme de Saint-
Martin de la Garenne, a concédé la dîme et la sus dite
église avec toutes ses appartenances. Témoins du côté
de Robert, comte de Meulan, Gauthier, vicomte de
Meulan et Cheribardus son frère, Hugues fils de Galeran, Roger de Tibeville, Robert Pipar, Godefroi fils de
Gilbert, Hugues fils d'Audoard. »

« Et interpellé le dit dom Anselme de déclarer
s'il n'a pas en sa possession ou connaissance où
sont les autres titres concernant le dit prieuré
du dit Saint-Martin, a fait réponse que non, parce
qu'ils ont été emportés par dom Compagnol, religieux ancien de la dite abbaye, plaidant contre
le sieur du Mansel, prieur du dit Saint-Martin,
oncle du résignant du dit sieur Ladvocat, n'étant
resté au dit chartrier de la dite abbaye que les
dits cartulaires et les copies, extraits et autres
titres qui ont été compulsés par le sieur Bouvet,
curé de Saint-Martin, pour s'en servir au procès
pour la cure de Saint-Martin, auquel compulsoire
on peut avoir recours ayant été fait par Dabrac-
ques huissier au dit Châtelet demeurant à Mantes.

« Tous lesquels titres, ci-dessus déclarés, ont été compulsés, vidimés et collationnés par moi, huissier sus dit et soussigné, sur les originaux des dits cartulaires et extraits trouvés au chartrier, ce fait rendus, remis ès mains de dom Anselme Boisseau, et de tout ce que dessus m'a le dit Hottier, au dit nom, requis et demandé acte pour servir et valoir au dit seigneur duc de la Roche-Guyon ce que de raison. Ce que lui ai accordé et le tout fait en présence de Nicolas Prévost, maître plombier à Rouen, travaillant présentement à la dite abbaye, et Jean Hallé, maître menuisier, travaillant à la dite abbaye, témoins qui ont avec moi huissier tous signé à la minute demeurée par devers moi.

Signé : « CHASTELAIN. »

FIN

TABLE DES MATIÈRES

CHAPITRE V

CHAPITRE VI

CHAPITRE VII

CHAPITRE VIII

CHAPITRE IX

CHAPITRE X

CHAPITRE XI

CHAPITRE XII

CHAPITRE XIII

CHAPITRE XIV

FIN DE LA TABLE